JN055602

仏　教　聖　典

公益財団法人　仏 教 伝 道 協 会

三帰依文《さんきえもん》

みずから仏《ほとけ》に帰依《きえ》し奉《たてまつ》る。
まさに願《ねが》わくば衆生《しゅじょう》とともに、
大道《だいどう》を体解《たいげ》して無上意《むじょうい》を発《おこ》さん。
みずから法《ほう》に帰依《きえ》し奉《たてまつ》る。
まさに願《ねが》わくば衆生《しゅじょう》とともに、
深《ふか》く経蔵《きょうぞう》に入りて 智慧《ちえ》 海《うみ》の如《ごと》くならん。
みずから僧《そう》に帰依《きえ》し奉《たてまつ》る。
まさに願《ねが》わくば衆生《しゅじょう》とともに、
大衆《だいしゅう》を統理《とうり》して一切無碍《いっさいむげ》ならん。

仏《ほとけ》の智慧《ちえ》は海のごとく広大にして、仏《ほとけ》の心は大慈悲《だいじひ》なり。仏《ほとけ》は姿なくして妙《たえ》なる姿を示し、身をもって教えを説かれた。

この聖典《せいてん》は二千五百余年の間、国を超え民族を超えて保ち続けられてきた仏《ほとけ》の教えの精髄である。

ここには仏《ほとけ》の言葉が凝縮されており、人びとの生活と心の実際の場面に触れて、生きた解答を与えている。

この聖典《せいてん》は、真宗大谷派《しんしゅうおおたには》の学僧木津無庵《きづむあん》師（一八六七―一九四三）が、仏伝《ぶつでん》に阿含経典《あごんきょうてん》と主要な大乗経典《だいじょうきょうてん》の抄訳《しょうやく》を合縦的《がっしょうてき》に織り込んで編纂《へんさん》した『新訳仏教聖典《しんやくぶっきょうせいてん》』（一九二五）の簡略版『国民版仏教聖典《こくみんばんぶっきょうせいてん》』（一九三二）にもとづいている。簡略版は仏《ぶっ》・法《ぽう》・僧《そう》の三宝と修道《しゅうどう》の視点から再編されたため、簡略化された経典《きょうてん》の引用の合間に、編者自身のつなぎの言葉がしばしば挿入されている。しかし、そこには仏教《ぶっきょう》を一般大衆に分かりやすくするため、膨大《ぼうだい》な数の仏典《ぶってん》を渉猟《しょうりょう》した日本の仏教僧《ぶっきょう》の理解した「ほとけの教え」の真髄《しんずい》が、平易な日本語で綴られているのである。

仏《ほとけ》の真理《しんり》のことば（法句経《ほっくきょう》）

怨《うら》みは怨《うら》みによって鎮《しず》まらず。怨《うら》みなきをもって、よく怨《うら》みは鎮《しず》まる。これ永《えい》遠《えん》の真理《しんり》なり。（五）

わが愚《おろ》かさを知《し》るものはすでに賢者《けんじゃ》なり。自《みずか》らを知《し》らずして、賢《かしこ》しと思《おも》うものこそ愚者《ぐしゃ》なり。（六三）

戦場《せんじょう》において、数千《すうせん》の敵《てき》に勝《か》つよりも、自己《じこ》に勝《か》つものこそ、最上《さいじょう》の勝利者《しょうりしゃ》なり。（一〇三）

たとえ百歳《ひゃくさい》の寿命《じゅみょう》を得《う》るも、無上《むじょう》の教《おし》えに会《あ》うことなくば、この教《おし》えに会《あ》いし人の、一日《いちにち》の生《しょう》にも及《およ》ばず。（一一五）

人《ひと》に生《う》まるるは難《かた》く、いま生命《いのち》あるは有難《ありがた》く、世《よ》に仏《ほとけ》あるは難《かた》く、仏《ほとけ》の教《おし》えを聞《き》くは有難《ありがた》し。（一八二）

もろもろの悪《あく》をなさず、もろもろの善《ぜん》を行《おこな》い、おのれの心《こころ》を浄《きよ》くす。これ諸仏《しょぶつ》の教《おし》えなり。（一八三）

子《こ》たりとも、父《ちち》たりとも、親族《しんぞく》たりとも、死《し》に捉《とら》えられし者を救《すく》うこと能《あた》わず。縁者《えんじゃ》のうちに救《すく》う者《もの》なし。（二八八）

目次

第一部　ほとけ

第二部　おしえ

頁

第三部　はげみ

第四部　なかま

付　録

本聖典中で＊印をつけてある語は、用語解説を参照されたい。

第　一　部

BUDDHA
ほ　　と　　け

第一章　史上の仏《ほとけ》

第一節　偉大な生涯《しょうがい》

一、ヒマーラヤ山の南のふもとを流れるローヒニー河のほとりに、シャーキャ（釈《しゃ》迦《か》）族の都カピラヴァストゥがあった。その王シュッドーダナ（浄飯《じょうぼん》）は、そこに城を築き、善政をしき、民衆は喜び従っていた。王の姓はガウタマ（ゴータマ）であった。

妃《きさき》、マーヤー（摩耶《まや》）夫人《ぶにん》は同じ釈迦《しゃか》族の一族、コーリヤ族のデーヴァダハ城主の姫で、王の従妹《いとこ》にあたっていた。

結婚の後、ながく子に恵まれず、二十幾年の歳月の後、ある夜、妃《きさき》は白象《びゃくぞう》が右わきから胎内に入る夢を見て懐妊した。王の一族をはじめ国民ひとしく指折り数えて出生を待ちわびた。そして臨月近く、妃《きさき》は国の習慣に従って生家《せいけ》に帰ろうとし、その途中ルンビニー園に休息した。

折から春の陽《ひ》はうららかに、アショーカの花はうるわしく咲きにおっていた。妃《きさき》は右手をあげてその枝を手折《たお》ろうとし、その瞬間に太子を産んだ。天地は喜びの声をあげて母と子を祝福した。時に四月八日であった。

シュッドーダナ王の喜びはたとえようがなく、一切の願いが成就《じょうじゅ》したという意味のシッダールタという名を太子に与えた。

二、しかし、喜びの裏には悲しみもあった。マーヤー夫人《ぶにん》は間もなくこの世を去り、太子は以後、夫人《ぶにん》の妹マハープラジャーパティーによって養育された。

そのころ、アシタという仙人《せんにん》が山で修行していたが、城のあたりに漂《ただよ》う吉相《きっそう》を見て、城を訪れた。太子を見て「このまま城にとどまり王位を継承すれば世界を統一する偉大な王となられるであろう。もしまた、*出家《しゅっけ》して道を修めれば世を救う*仏《ほとけ》になられるであろう」と予言した。

はじめ王はこの予言を聞いて喜んだが、次第に、もしや*出家《しゅっけ》されては、という憂《うれ》いを持つようになった。

太子は七歳の時から文武の道を学んだ。春祭に、父王に従って田園に出、農民の耕す様子を見ているうち、鋤《すき》の先に掘り出された小虫を小鳥がついばみ飛び去るのを見て、「哀《あわ》れ、生きものは互いに喰《く》いあう」とつぶやき、ひとり木陰に坐《すわ》って静思した。

生まれて間もなく母に別れ、今また生きものの喰《く》いあう有様を見て、太子の心には早くも人生の苦悩が刻まれた。それはちょうど、若木につけられた傷のように、日とともに成長し、太子をますます暗い思いに沈ませた。

父王はこの有様を見て大いに憂《うれ》い、かねての仙人《せんにん》の予言を思いあわせ、太子の心を引き立てようといろいろ企てた。ついに太子十七歳の時、太子の母の兄デーヴァダハ城主スプラブッダの娘ヤショーダラーを迎えて妃《きさき》と定めた。

三、この後十年の間、太子は、冬季《ふゆ》・夏季《なつ》・雨季《うき》それぞれの宮殿にあって歌舞管弦《かぶかんげん》の生活を楽しんだが、その間もしきりに沈思瞑想《ちんしめいそう》して人生を見きわめようと苦心した。

「宮廷の栄華も、健《すこ》やかなこの肉体も、人から喜ばれるこの若さも、結局このわたしにとって何であるのか。人は病む。いつかは老いる。死を免れることはできない。若さも、健康も、生きていることも、どんな意味があるというのか。

人間が生きていることとは、結局何かを求めていることにほかならない。しかし、この求めることについては、誤ったものを求めることと、正しいものを求めることの二つがある。誤ったものを求めることとは、自分が老いと病と死とを免れ得ぬ者でありながら、老いず病まず死なないことを求めることである。

正しいものを求めることとは、この誤りに気づき、老いと病と死とを超え、人間の苦悩のすべてを離れた境地を求めることである。今のわたしは、この誤ったものを求めている者にすぎない」
四、このように心を悩ます日々が続いて、月日は流れ、太子二十九歳の年、一子ラーフラ（羅睺羅《らごら》）が生まれた時に、太子はついに*出家《しゅっけ》の決心をした。太子は御者《ぎょしゃ》のチャンダカを伴い、白馬カンタカにまたがって、住みなれた宮殿を出て行った。そして、この俗世界とのつながりを断ち切って*出家《しゅっけ》の身となった。
このとき、悪魔は早くも太子につきまとった。「宮殿に帰るがいい。時を待つがいい。

この世界はすべておまえのものになるのだ」。太子は叱咤《しった》した。「悪魔よ、去れ。すべて地上のものは、わたしの求めるところではないのだ」。太子は悪魔を追い払い、髪をそり、鉢を手に食を乞《こ》いつつ南方《みなみ》に下った。

太子ははじめバガヴァ仙人《せんにん》を訪れてその苦行の実際を見、次にアーラーダ・カーラーマとウドラカ・ラーマプトラを訪ねてその瞑想《めいそう》修行を見、また自らそれらを実行した。

しかし、それらは結局さとりへの道ではないと知った太子は、マガダ国に行き、ガヤーの町のかたわらを流れるナイランジャナー河（尼連禅河《にれんぜんが》）のほとり、ウルヴィルヴァーの林の中において、激しい苦行をしたのである。

五、それはまことに激しい苦行であった。釈尊《しゃくそん》自ら「過去のどのような修行者も、現在のどのような苦行者も、また未来のどのような*出家者《しゅっけしゃ》も、これ以上の苦行をした者はなく、また、これからもないであろう」と後に言われたほど、世にもまれな苦行であった。

しかし、この苦行も太子の求めるものを与えなかった。そこで太子は、六年の長きにわたったこの苦行を未練なく投げ捨てた。ナイランジャナー河に沐浴《もくよく》して身の汚《よご》れを洗い流し、スジャーターという娘の手から乳粥《ちちがゆ》の*供養《くよう》を受けて健康を回復した。

このとき、それまで太子と一緒に同じ林の中で苦行していた五人の*出家者《しゅっけしゃ》たちは、太子が堕落《だらく》したと考え、太子を見捨てて他の地へ去って行った。

いまや天地の間に太子はただひとりとなった。太子は静かにピッパラの樹（菩提樹《ぼだいじゅ》）の下に坐《すわ》って、命をかけて最後の瞑想《めいそう》に入った。「血も涸《か》れよ、肉も爛《ただ》れよ、骨も砕《くだ》けよ。さとりを得るまでは、わたしはこの座を立たないであろう」。これがその時の太子の決心であった。

その日の太子の心はまことにたとえるものがないほどの悪戦苦闘であった。乱れ散る心、騒ぎ立つ思い、黒い心の影、醜《みにく》い想《おも》いの姿、すべてそれは悪魔の襲来《しゅうらい》というべきものであった。太子は心の隅々《すみずみ》までそれらを追及して散々に裂き破った。まことに、血は流れ、肉は破れ、骨は砕《くだ》けるほどの苦闘であった。

しかし、その戦いも終わり、夜明けを迎えて明けの明星《みょうじょう》を仰いだ時、太子の心は光り輝き、さとりは開け、仏《ほとけ》と成った。それは太子三十五歳の年の十二月八日の朝のことであった。

六、これより太子は仏陀《ぶっだ》、無上覚者《むじょうかくしゃ》、如来《にょらい》、釈迦牟尼《しゃかむに》、釈尊《しゃくそん》、世尊《せそん》などの種々の名で知られるようになった。

釈尊《しゃくそん》はまず、六年にわたる苦行の間ともに修行してくれた恩義のある五人の*出家者《しゅっけしゃ》に道を説こうとして、彼らの住むヴァーラーナシーのムリガダーヴァ（鹿野苑《ろくやおん》）に赴《おもむ》き、彼らを教化《きょうけ》した。彼らは最初釈尊《しゃくそん》を避けようとしたが、教えを聞いてから釈尊《しゃくそん》を信じ最初の弟子となった。また、マガダ国の都ラージャグリハ（王舎城《おうしゃじょう》）に入ってマガダ国王ビンビサーラを教化《きょうけ》し、ここを教えを説く根拠地として、さかんに教えを広めた。

人びとは、ちょうど渇《かわ》いた者が水を求めるように、飢えた者が食を求めるように、釈《しゃく》尊《そん》のもとに寄り集まった。シャーリプトラ（舎利弗《しゃりほつ》）、マウドガルヤーヤナ（目連《もくれん》）の二大弟子をはじめとする、非常に多くの人びとが、釈尊《しゃくそん》を師と仰ぎ、その弟子となった。

釈尊《しゃくそん》の*出家《しゅっけ》を憂《うれ》えてこれを止めようとし、また釈尊《しゃくそん》の*出家《しゅっけ》によって深い苦しみを味わった父のシュッドーダナ王、養母のマハープラジャーパティー、妃《きさき》のヤショーダラーをはじめとする釈迦《しゃか》族の人たちも、みな釈尊《しゃくそん》に帰依《きえ》して弟子となった。その他非常に多くの人びとが彼の信奉者になった。

七、このようにして伝道の旅を続けること四十五年、釈尊《しゃくそん》は八十歳を迎えた。故郷を目指してラージャグリハからコーサラ国の都シュラーヴァスティー（舎衛城《しゃえじょう》）に赴《おもむ》く途中、ヴァッジ国の都ヴァイシャーリーにおいて病を得、「三月《みつき》の後に*涅槃《ねはん》に入るであろう」と自ら予言した。さらに進んでパーヴァーに至り、鍛冶屋《かじや》のチュンダの*供養《くよう》した食物にあたって病が悪化し、痛みを押してクシナガラに入った。

釈尊《しゃくそん》は郊外のシャーラ（沙羅《さら》）樹の林に行き、シャーラの大木が二本並び立っている間に横たわった。釈尊《しゃくそん》は懇《ねんご》ろに弟子たちを教え、最期の瞬間まで教えを説いて世間の大《だい》導師《どうし》たる仏《ほとけ》としての仕事をなし終わり、静かに*涅槃《ねはん》に入った。

八、クシナガラの人びとは、釈尊《しゃくそん》が*涅槃《ねはん》に入られたのを悲しみ嘆き、アーナンダ（阿難《あなん》）の指示に従って、定められたとおりに釈尊《しゃくそん》の遺骸《いがい》を火葬した。

このとき、マガダ国の王アジャータシャトル（阿闍世《あじゃせ》）をはじめとするインドの八つの国々の王は、みな釈尊《しゃくそん》の遺骨の分配を乞《こ》うたが、クシナガラの人びとはこれを拒否し、争いが起こった。しかし、賢者《けんじゃ》ドローナの仲裁《ちゅうさい》により、遺骨は八大国に分配された。その他、遺骨の入っていた瓶《かめ》と火葬の灰、および誕生の時の髪があり、それぞれの国に奉安されて、この世に仏《ほとけ》の十一の大塔が建立《こんりゅう》されるに至った。

第二節　最後の教え

一、釈尊《しゃくそん》はクシナガラの郊外、シャーラ（沙羅《さら》）樹の林の中で最後の教えを説かれた。

弟子たちよ、おまえたちは、おのおの、自らを灯火《ともしび》とし、自らをよりどころとせよ、他を頼りとしてはならない。この*法を灯火《ともしび》とし、よりどころとせよ、他の教えをよりどころとしてはならない。

わが身を見ては、その汚れを思って貪《むさぼ》らず、苦しみも楽しみもともに苦しみの因《もと》であると思ってふけらず、わが心を観《み》ては、その中に〈我《が》（実体的自己）〉はないと思い、それらに迷ってはならない。そうすれば、すべての苦しみを断つことができる。わたしがこの世を去った後も、このように教えを守るならば、これこそわたしのまことの弟子である。

二、弟子たちよ、これまでおまえたちのために説いたわたしの教えは、常に聞き、常に考え、常に修めて捨ててはならない。もし教えのとおりに行うなら常に幸せに満たされるであろう。

教えのかなめは心を修めることにある。だから、欲を抑えて、おのれに克《か》つことに努めなければならない。身を正し、心を正し、ことばをまことあるものにしなければならない。貪《むさぼ》ることをやめ、怒りをなくし、悪を遠ざけ、常に*無常《むじょう》を忘れてはならない。

もし心が邪悪に惹《ひ》かれ、欲にとらわれようとするなら、これを抑えなければならない。心に従わず、心の主《あるじ》となれ。

心は人を仏《ほとけ》にし、また、畜生《ちくしょう》にする。迷って鬼となり、さとって仏《ほとけ》と成るのもみな、この心の仕業《しわざ》である。だから、よく心を正しくし、道にはずれないよう努めるがよい。

三、弟子たちよ、おまえたちはこの教えのもとに、相和《あいわ》し、相敬《あいうやま》い、争いを起こしてはならない。水と乳とのように和合せよ。水と油のようにはじきあってはならない。

ともにわたしの教えを守り、ともに学び、ともに修め、励ましあって、道の楽しみをともにせよ。つまらないことに心をつかい、無駄《むだ》なことに時を費やさず、さとりの花を摘み、道の果実《このみ》を取るがよい。

弟子たちよ、わたしは自らこの教えをさとり、おまえたちのためにこの教えを説いた。おまえたちはよくこれを守って、ことごとにこの教えに従って行わなければならない。

だから、この教えのとおりに行わない者は、わたしに会っていながらわたしに会わず、わたしとともにいながらわたしから遠く離れている。また、この教えのとおりに行う者は、たとえわたしから遠く離れていてもわたしとともにいる。

四、弟子たちよ、わたしの終わりはすでに近い。別離も遠いことではない。しかし、いたずらに悲しんではならない。世は*無常《むじょう》であり、生まれて死なない者はない。今わたしの身が朽《く》ちた車のように壊れるのも、この*無常《むじょう》の道理を身をもって示すのである。

いたずらに悲しむことをやめて、この*無常《むじょう》の道理に気づき、人の世の真実のすがたに眼を覚まさなければならない。変わるものを変わらせまいとするのは無理な願いである。

*煩悩《ぼんのう》の賊は常におまえたちの隙《すき》をうかがって倒そうとしている。もしおまえたちの部屋に毒蛇《どくじゃ》が住んでいるのなら、その毒蛇《どくじゃ》を追い出さない限り、落ちついてその部屋で眠ることはできないであろう。

*煩悩《ぼんのう》の賊は追い払わなければならない。*煩悩《ぼんのう》の蛇《へび》は追い出さなければならない。おまえたちは慎《つつし》んでその心を守るがよい。

五、弟子たちよ、今やわたしの最期の時である。しかし、この死は身体《からだ》の死であることを忘れてはならない。身体《からだ》は父母より生まれ、食によって保たれるものであるから、病み、傷つき、壊れることはやむを得ない。

仏《ほとけ》の本質は身体《からだ》ではない。さとりである。身体《からだ》はここに滅びても、さとりは永遠に*法《ほう》（教え）と道《みち》（実践）とに生きている。だから、わたしの身体《からだ》を見る者がわたしを見るのではなく、わたしの教えを知る者こそわたしを見る。

わたしの亡き後は、わたしの説き遺《のこ》した*法と戒律《かいりつ》がおまえたちの師である。この*法と戒律《かいりつ》を保ち続けてわたしに仕えるようにするがよい。

弟子たちよ、わたしはこの人生の後半四十五年間において、説くべきものはすべて説き終わり、なすべきことはすべてなし終わった。わたしの教えにはもはや秘密はない。すべてみな完全に説きあかし終わった。

弟子たちよ、今やわたしの最期である。わたしは今より*涅槃《ねはん》に入るであろう。これがわたしの最後の教誡《きょうかい》である。

釈尊《しゃくそん》の滅後、「仏《ほとけ》の本質は身体《からだ》ではない。さとりである。身体《からだ》は滅びても、さとりは永遠に*法（教え）と道（実践）とに生きている」という釈尊《しゃくそん》の言葉を受けて、大乗仏教《だいじょうぶっきょう》では、その永遠の*法（真理）を本質とする「永遠の仏《ほとけ》」という理解が生まれます。それを「法《ほっ》身《しん》」と呼び、それ自身に形はありませんが、「いつくしみと救いの手だて」（*慈悲《じひ》と*方便《ほうべん》）を発揮する様々な仏《ほとけ》（報身《ほうじん》・応身《おうじん》）として出現し、教えを説き、人びとを救うと考えられるようになります。

第二章　永遠の仏《ほとけ》

第一節　いつくしみと願い

一、仏《ほとけ》の心とは大*慈悲《だいじひ》である。あらゆる手だてによって、すべての人びとを救う大《だい》慈《じ》の心、人とともに病み、人とともに悩む大悲《だいひ》の心である。

ちょうど子を思う父母のように、しばらくの間も捨て去ることなく、守り、育て、救い取るのが人びとを思う仏《ほとけ》の心である。「おまえの悩みはわたしの悩み、おまえの楽しみはわたしの楽しみ」と、かたときも捨てることがない。

仏《ほとけ》の大悲《だいひ》は人によって起こり、この大悲《だいひ》に触れて信じる心が生まれ、信じる心によってさとりが得られる。それは、子を愛することによって母であることを自覚し、母の心に触れて子の心が安らかとなるようなものである。

ところが、人びとはこの仏《ほとけ》の心を知らず、その無知からとらわれを起こして苦しみ、

＊煩悩《ぼんのう》のままにふるまって悩む。罪業《ざいごう》の重荷を負って、あえぎつつ、迷いの山から山を駆けめぐる。

二、仏《ほとけ》の＊慈悲《じひ》をただこの世一生だけのことと思ってはならない。それは久しい間のことである。人びとが生まれ変わり、死に変わりして迷いを重ねてきた、その初めから今日《こんにち》まで続いている。

仏《ほとけ》は常に人びとの前にもっとも親しみのある姿を示し、救いの手段を尽くす。

釈迦《しゃか》族の太子と生まれ、＊出家《しゅっけ》し、苦行をし、道をさとり、教えを説き、死を示した。

人びとの迷いに限りがないから、仏《ほとけ》のはたらきにも限りがなく、人びとの罪の深さに底がないから、仏《ほとけ》の＊慈悲《じひ》にも底がない。

だから、仏《ほとけ》はその修行の初めに四つの大＊誓願《だいせいがん》（＊四弘誓願《しぐぜいがん》）を起こした。一つには誓ってすべての人びとを救おう。二つには誓ってすべての＊煩悩《ぼんのう》を断とう。三つには誓ってすべての教えを学ぼう。四つには誓ってこの上ないさとりを得よう。この四つの＊誓願《せいがん》をもととして仏《ほとけ》は修行した。仏《ほとけ》の修行のもとがこの*誓願《せいがん》であることは、そのまま仏《ほとけ》の心が人びとを救う大*慈悲《だいじひ》であることを示している。

三、仏《ほとけ》は、仏《ほとけ》に成るために殺生《せっしょう》の罪を離れる行を修め、その*功徳《くどく》によって人びとの長寿を願った。

仏《ほとけ》は盗みの罪を離れる行を修め、その*功徳《くどく》によって人びとが求めるものを得られるようにと願った。

仏《ほとけ》はみだらな行いを離れる行を修め、その*功徳《くどく》によって人びとの心に害心がなく、また身に飢えや渇《かわ》きがないようにと願った。

仏《ほとけ》はうそのことばを離れる行を修め、その*功徳《くどく》によって人びとが真実を語る心の静けさを知るようにと願った。

仲違いさせることばを離れる行を修め、人びとが常に仲良くして互いに道を語るようにと願った。

また悪しきことばを離れる行を修め、人びとの心が安《やす》らいでうろたえ騒ぐことがないようにと願った。

意味のないことばを離れる行を修め、人びとが苦しみを離れ思いやりの心をつちかうようにと願った。

また仏《ほとけ》は貪《むさぼ》りを離れる行を修め、その*功徳《くどく》によって人びとの心に貪《むさぼ》りがないようにと願った。

憎しみを離れる行を修め、人びとの心に慈《いつく》しみの思いがあふれるようにと願った。

愚かさを離れる行を修め、人びとの心に因果《いんが》の道理を無視する誤った考えがないようにと願った。

このように、仏《ほとけ》の*慈悲《じひ》はすべての人びとに向かうものであり、その本領はすべての人びとの幸福のため以外の何ものでもない。仏《ほとけ》はあたかも父母のように人びとをあわれみ、人びとに迷いの海を渡らせようと願ったのである。

第二節　救いとその手だて

一、さとりの岸に立って、迷いの海に沈んでいる人びとに呼びかける仏《ほとけ》のことばは、人びとの耳には容易に聞こえない。だから、仏《ほとけ》は、自ら迷いの海に分け入って、救いの手段を講じた。

さて、それでは一つのたとえを説こう。ある町に長者が住んでいて、その家が火事になった。たまたま外に居た長者は帰宅して驚き、子どもたちを呼んだが、彼らは遊びに夢中で火に気づかず、家の中にとどまっていた。

父は子どもたちに向かって「子どもたちよ、逃げなさい、出なさい」と叫んだが、子どもたちは父の呼び声に気がつかなかった。

子どもたちの安否を気遣《きづか》う父はこう叫んだ。「子どもたちよ、ここに珍しいおもちゃがある。早く出て来て取るがよい」。子どもたちはおもちゃと聞いて勇み立ち、燃えさかる家から飛び出して災いを免れることができた。

この世はまことに燃えさかる火の家である。ところが人びとは、家の燃えていることを知らず、焼け死ぬかも知れない恐れの中にある。だから、仏《ほとけ》は大悲《だいひ》の心から、限りなくさまざまに手段をめぐらして人びとを救う。

二、さらに別のたとえを説こう。昔、長者のひとり子が、親のもとを離れてさすらいの身となって、貧困のどん底に落ちぶれた。

父は故郷を離れて息子の行方《ゆくえ》を求め、あらゆる努力をしたにもかかわらず、どうしてもその行方《ゆくえ》を求めることができなかった。

それから数十年経《た》って、今はみじめな境遇に成り果てた息子が、たまたま父の住んでいる町の方へさすらってきた。

めざとくもわが子を認めた父は喜びに躍《おど》り上《あ》がり、使用人を遣《や》って放浪の息子を連れもどそうとした。しかし、息子は疑い、だまされるのを恐れて、行こうとしなかった。

そこで父はもう一度使用人を息子のところに遣《や》って、よい賃金の仕事を長者の家で与えようと言わせた。息子はその手段に引き寄せられて仕事を引き受け、使用人のひとりとなった。

父の長者は、わが家とも知らずに働いているわが子を次第に引き立て、ついには金銀財宝の蔵を管理させるに至ったが、それでも息子はなお父とは知らないでいた。

父はわが子が素直になったのを喜び、またわが命のやがて尽きようとするのを知って、ある日、親族・友人・知己《ちき》を呼び集めてこう語った。「人びとよ、これはわが子である。永年探し求めていた息子である。今より後、わたしのすべての財宝はみなこの子のものである」

息子は父の告白に驚いてこう言った。「今、わたしは父親を見いだしたばかりでなく、思いがけずこれらすべての財宝までもわたしのものとなった」

ここにいう長者とは仏《ほとけ》のことである。迷える息子とはすべての人びとのことである。仏《ほとけ》の*慈悲《じひ》は、ひとり子に向かう父の愛のように、すべての人びとに向かう。仏《ほとけ》はすべての人びとを子として教え導き、さとりの宝をもって彼らを富める者とする。

三、すべての人びとを子のようにひとしく慈《いつく》しむ仏《ほとけ》の大悲《だいひ》は平等であるが、人びとの性質の異なるのに応じてその救いの手段には相違がある。ちょうど、降る雨は同じであっても、受ける草木によって、異なった恵みを得るようなものである。

四、親はどれほど多くの子どもがあっても、そのかわいさに変わりがないが、その中に病める子があれば、親の心はとりわけその子にひかれてゆく。

仏《ほとけ》の大悲《だいひ》もまた、すべての人びとに平等に向かうけれども、ことに罪の重い者、愚かさゆえに悩める者に慈《いつく》しみと悲《あわれ》みとをかける。

また、例えば、太陽が東の空に昇って、闇《やみ》を滅ぼし、すべてのものを育てるように、仏《ほとけ》は人びとの間に現れて、悪を滅ぼし、善を育て、*智慧《ちえ》の光を恵んで、無知の闇《やみ》を除き、さとりに至らせる。

仏《ほとけ》は慈《いつく》しみの父であり、悲《あわれ》みの母である。仏《ほとけ》は、世間の人びとに対する*慈悲《じひ》の心から、ひたすら人びとのために尽くす。人びとは仏《ほとけ》の*慈悲《じひ》なくしては救われない。人びとはみな仏《ほとけ》の子として仏《ほとけ》の救いの手段を受けなければならない。

第三節　仏《ほとけ》は永遠《とわ》に

一、人びとはみな、仏《ほとけ》は王子として生まれ、*出家《しゅっけ》してさとりを得たのだと信じているけれども、実は仏《ほとけ》と成ってよりこのかた、限りのない時を経《へ》ている。

限りない時の間、仏《ほとけ》は常にこの世にあり、永遠の仏《ほとけ》として、すべての人びとの性質を知り尽くし、あらゆる手段を尽くして救ってきた。

仏《ほとけ》の説いた永遠の*法の中には偽りがない。なぜなら、仏《ほとけ》は、世の中のことをあるがままに知り、すべての人びとに教えるからである。

まことに、世の中のことをあるがままに知ることは難しい。なぜなら、世の中のことは、まことかと見ればまことではなく、偽りかと見れば偽りでもない。愚かな者たちはこの世の中のことを知ることはできない。

ひとり仏《ほとけ》のみはそれをあるがままに知っている。だから、仏《ほとけ》はこの世の中のことがまことであるとも言わず、偽りであるとも言わず、善いとも言わず、悪いとも言わず、ただありのままに示す。

仏《ほとけ》が教えようとしていることはこうである。「すべての人びとは、その性質、行い、信仰心に応じて*功徳《くどく》を積むべきである」

二、仏《ほとけ》はただことばで教えるだけではなく、身をもって教える。仏《ほとけ》は、その寿命に限りはないが、欲を貪《むさぼ》って飽くことのない人びとを目覚めさせるために、手段として死を示す。

例えば、多くの子を持つ医師が他国へ旅をした留守に、子どもらが毒を飲んで悶《もだ》え苦しんだとしよう。医師は帰ってこの有様に驚き、よい薬を与えた。

子どもたちのうち、正常な心を失っていない者はその薬を飲んで病を除くことができたけれども、すでに正常な心を失ってしまった者はその薬を飲もうとしなかった。

父である医師は、彼らの病をいやすために思いきった手段をとろうと決心した。彼は子どもたちに言った。「わたしは長い旅に出かけなければならない。わたしは老いて、いつ死ぬかもわからない。もしわたしの死を聞いたなら、ここに残しておく薬を飲んで、おのおの元気になるがよい」こうして彼はふたたび長い旅に出た。そして使いを遣わしてその死を告げさせた。

子どもたちはこれを聞いて深く悲しみ、「父は死んだ。もはやわれわれにはたよる者がなくなった」と嘆いた。悲しみと絶望の中で、彼らは父の遺言を思い出し、その薬を飲み、そして回復した。

世の人はこの父である医師のうそを責めるであろうか。仏《ほとけ》もまたこの父のようなものである。仏《ほとけ》は、欲望に追いまわされている人びとを救うために、仮にこの世に生と死を示したのである。

第三章　仏《ほとけ》の姿と仏《ほとけ》の徳

第一節　三つのすがた

一、姿や形だけで仏《ほとけ》を求めてはならない。姿、形はまことの仏《ほとけ》ではない。まことの仏《ほとけ》はさとりそのものである。だから、仏《ほとけ》を見るためには、さとりを求めなければならない。

世にすぐれた仏《ほとけ》の相《すがた》を見て、仏《ほとけ》を見たというならば、それは無知の眼の過ちである。仏《ほとけ》のまことの相《すがた》は、世の人には見ることもできない。どんなにすぐれた描写によっても仏《ほとけ》を知ることはできないし、どんなことばによっても仏《ほとけ》の相《すがた》は言い尽くすことはできない。

まことの相《すがた》とはいっても、実は、相《すがた》あるものは仏《ほとけ》ではない。仏《ほとけ》には相《すがた》がない。しかも、また、思いのままにすばらしい相《すがた》を示す。

だから、明らかにその相《すがた》を見て、しかもその相《すがた》にとらわれないなら、この人は自在の力を得て仏《ほとけ》を見たのである。

二、仏《ほとけ》の身《からだ》はさとりであるから、永遠の存在であって壊れることがない。食物によって保たれる肉体ではなく、*智慧《ちえ》より成る堅固な身《からだ》であるから、恐れもなく、病もなく、永遠不変である。

だから、仏《ほとけ》は永遠に滅びない。さとりが滅びない限り、滅びることはない。このさとりが*智慧《ちえ》の光となって現れ、この光が人をさとらせ、*仏《ほとけ》の国に生まれさせる。

この道理をさとった者は仏《ほとけ》の子となり、仏《ほとけ》の教えを受持し、仏《ほとけ》の教えを守って後の世に伝える。まことに、仏《ほとけ》の力ほど不思議なものはない。

三、仏《ほとけ》には三つの身《からだ》がそなわっている。一つには法身《ほっしん》、二つには報身《ほうじん》、三つには応身《おうじん》である。

法身《ほっしん》とは、*法そのものである。この世のありのままの道理と、それをさとる*智慧《ちえ》とが一つになった*法そのものである。

*法そのものが仏《ほとけ》であるから、この仏《ほとけ》には色もなく形もない。色も形もないから、来るところもなく、去るところもない。来るところも去るところもないから充満しないところがなく、大空のようにすべてのものの上にあまねくゆきわたっている。

人が思うから有るのではなく、人が忘れるから無いのでもなく、人の喜ぶときに来るのでもなく、人の怠《おこた》るときに去るのでもない。仏《ほとけ》そのものは、人の心のさまざまな動きを超えて存在する。

仏《ほとけ》の身《からだ》は、あらゆる世界に満ち、すべてのところにゆきわたり、人びとが持っている仏《ほとけ》に関する考えにかかわらず永遠に住する。

四、報身《ほうじん》というのは、形のない法身《ほっしん》の仏《ほとけ》が、人びとの苦しみを救うために形を現し、願を起こし、行を積み、名を示して、導き救う仏《ほとけ》である。

この仏《ほとけ》は大悲《だいひ》をもととし、いろいろな手段によって限りなき人びとを救い、すべてのものを焼き払う火のように、人びとの*煩悩《ぼんのう》の薪《たきぎ》を焼き尽くし、また、ちりを吹き払う風のように、人びとの悩みのちりを払う。

応身《おうじん》の仏《ほとけ》は、仏《ほとけ》の救いを全《まっと》うするために、人びとの性質に応じてこの世に姿を現し、誕生し、*出家《しゅっけ》し、*成道《じょうどう》し、さまざまな手段をめぐらして人びとを導き、病と死を示して人びとを導く仏《ほとけ》である。

仏《ほとけ》の身《からだ》は、もともと一つの法身《ほっしん》であるけれども、人びとの性質が異なっているから、仏《ほとけ》の身《からだ》はいろいろに現れる。しかし、人びとの求める心や、行為や、その能力によって、人の見る仏《ほとけ》の相《すがた》は違っていても、仏《ほとけ》は一つの真実を見せるのみである。

仏《ほとけ》には三つの身《からだ》がそなわっているが、それはただ一つのことを成し遂げるためである。一つのこととは、いうまでもなく人びとを助け救うことである。

限りのないすぐれた身《からだ》をもって、あらゆる境界《きょうがい》に現れても、その身《からだ》は仏《ほとけ》ではない。仏《ほとけ》は肉体ではないからである。ただ、さとりを身《からだ》としてすべてのものに満ちみち、真実を見る人の前に仏《ほとけ》は常に現れる。

第二節　仏《ほとけ》との出会い

一、仏《ほとけ》がこの世に現れるのは、はなはだまれである。仏《ほとけ》は今この世界においてさとりを開き、*法を説き、疑いの網を断ち、愛欲の根を抜き、悪の源をふさぎ、妨げられることなく、自由自在にこの世を歩く。世に仏《ほとけ》を敬《うやま》うより以上の善はない。

仏《ほとけ》がこの世に現れるのは、*法を説いて、人びとにまことの福利を恵むためである。苦しみ悩む人びとを捨てることができないから、仏《ほとけ》はこの苦難の世界に現れる。

道理なく、不正はびこり、欲に飽くことなく、心身ともに堕落《だらく》し、命短きこの世において、*法を説くことは、はなはだ難しい。ただ大悲《だいひ》のゆえに、仏《ほとけ》はこの困難に打ち勝つ。

二、仏《ほとけ》はこの世におけるすべての人びとの善き友である。*煩悩《ぼんのう》の重荷に悩む者が仏《ほとけ》に会えば、仏《ほとけ》は代わってその重荷をになう。

仏《ほとけ》はこの世におけるまことの師である。愚かな迷いに苦しむ者が仏《ほとけ》に会えば、仏《ほとけ》は*智慧《ちえ》の光によってその闇《やみ》を払う。

子牛がいつまでも母牛のそばを離れないように、ひとたび仏《ほとけ》の教えを聞いた者は仏《ほとけ》を離れない。教えを聞くことは常に楽しいからである。

三、月が隠れると、人びとは月が沈んだといい、月が現れると、人びとは月が出たという。けれども月は常にあって生滅《しょうめつ》することがない。仏《ほとけ》もそのように、常にあって生滅《しょうめつ》しないのであるが、ただ人びとを教えるために生滅《しょうめつ》を示す。

人びとは月が満ちるとか、月が欠けるとかいうけれども、月は常に満ちており、増すこともなく減ることもない。仏《ほとけ》もまたそのように、常にあって生滅《しょうめつ》しないのであるが、ただ人びとの見るところに従って生滅《しょうめつ》があるだけである。

月はまたすべての上に現れる。町にも、村にも、山にも、川にも、池の中にも、瓶《かめ》の中にも、葉末《はずえ》の露にも現れる。人が行くこと百里千里であっても、月は常にその人に従う。月そのものに変わりはないが、月を見る人によって月は異なる。仏《ほとけ》もまたそのように、世の人びとに従って、限りない姿を示すが、仏《ほとけ》は永遠に存在して変わることがない。

四、仏《ほとけ》がこの世に現れたことも、また隠れたことも、*因縁《いんねん》を離れてあるのではない。

人びとを救うのによい時が来ればこの世に現れ、その*因縁《いんねん》が尽きればこの世から隠れる。

仏《ほとけ》に生滅《しょうめつ》の相《すがた》はあっても、まことに生滅《しょうめつ》することはない。この道理を知って、仏《ほとけ》の示す生滅《しょうめつ》と、すべてのもののうつり変わりに驚かず、悲しまず、まことのさとりを開いて、この上ない*智慧《ちえ》を得なければならない。

仏《ほとけ》は肉体ではなくさとりであることはすでに説いた。肉体はまことに容器であり、その中にさとりを盛ればこそ仏《ほとけ》といわれる。だから、肉体にとらわれて、仏《ほとけ》のなくなることを悲しむ者は、まことの仏《ほとけ》を見ることはできない。

もともと、あらゆるもののまことの相《すがた》は、生滅《しょうめつ》・去来《こらい》・善悪の区別を離れた*空《くう》にして平等なものである。

それらの区別は、見る者の偏見から起こるもので、仏《ほとけ》のまことの相《すがた》も、実は現れることもなく隠れることもない。

第三節　すぐれた徳

一、仏《ほとけ》は五つのすぐれた徳をそなえて、尊敬を受ける。すぐれた行い、すぐれた見方、すぐれた*智慧《ちえ》、さとりの道を明らかに説くこと、人びとに道を修めさせることである。

また仏《ほとけ》には八つのすぐれた能力がある。一つには、仏《ほとけ》は人びとに利益《りやく》と幸福とを与える。二つには、仏《ほとけ》の教えはこの世においてただちに利益《りやく》がある。三つには、世の善悪正邪を正しく教える。四つには、正しい道を教えてさとりに入らせる。五つには、どんな人をも一つの道に導く。六つには、仏《ほとけ》には驕《おご》る心がない。七つには、言ったとおり実行し、実行するとおりに語る。八つには、惑《まど》いなく、願いを満たし、完全に行を成し遂げる。

また仏《ほとけ》は、瞑想《めいそう》に入って静けさと平和を得、あらゆる人びとに対して慈《いつく》しみの心、悲《あわれ》みの心、とらわれのない心を持ち、心のあらゆる汚れを去って、清らかな者だけが持つ喜びを持つ。

二、この仏《ほとけ》はすべての人びとの父母である。子が生まれて十六か月の間、父母は子の声に合わせて赤子のように語り、それから徐々にことばを教えるように、仏《ほとけ》もまた、人びとのことばに従って教えを説き、その見るところに従って相《すがた》を現し、人びとをして安らかな揺らぎのない境地に住まわせる。

また仏《ほとけ》は、一つのことばをもって教えを説くが、人びとはみなその性質に応じてそれを聞き、仏《ほとけ》は今、わたしのために教えを説かれたと喜ぶ。

仏《ほとけ》の境地は、迷える人びとの考えを超えており、ことばでは説き尽くすことはできないが、強《し》いてその境地を示そうとすれば、たとえによるほかはない。

ガンジス河は常に亀《かめ》や魚、馬や象などに汚されているが、いつも清らかである。仏《ほとけ》もこの河のように、異教の魚や亀《かめ》などが競《きそ》って来て乱しても、少しも思いを乱されることなく清らかである。

三、仏《ほとけ》の*智慧《ちえ》はすべての道理を知り、かたよった両極端を離れて*中道《ちゅうどう》に立ち、また、すべての文字やことばを超え、すべての人びとの考えを知り、一瞬のうちにこの世のすべてのことを知っている。

静かな大海に、大空の星がすべてその形を映し出すように、仏《ほとけ》の*智慧《ちえ》の海には、すべての人びとの心や思いや、その他あらゆるものがそのままに現れる。だから仏《ほとけ》を一切《いっさい》智者《ちしゃ》という。

この仏《ほとけ》の*智慧《ちえ》はあらゆる人びとの心を潤《うるお》し、光を与え、人びとにこの世の意味、盛衰、因果《いんが》の道理を明らかに知らせる。まことに仏《ほとけ》の*智慧《ちえ》によってのみ人びとはよくこの世のことを知る。

四、仏《ほとけ》はただ仏《ほとけ》として現れるだけでなく、あるときは悪魔となり、あるときは神の姿をとり、あるいは男の姿、女の姿として現れる。

病のあるときには医師となって薬を施して教えを説き、戦いが起これば正しい教えを説いて災いを離れさせ、固定的な考えにとらわれている者には*無常《むじょう》の道理を説き、自我にこだわっている者には*無我《むが》を説き、世の楽しみにとらわれているものには世の痛ましい有様を明らかにする。

仏《ほとけ》のはたらきは、このようにこの世の事物の上に現れるが、それはすべてみな法身《ほっしん》の源から流れ出るもので、限りない命、限りない光の救いも、その源は法身《ほっしん》の仏《ほとけ》にある。

五、この世は燃えさかる家のように安らかでない。人びとは愚かさの闇《やみ》に包まれて、怒り、ねたみ、そねみ、あらゆる*煩悩《ぼんのう》に狂わされている。赤子に母が必要であるように、人びとはみなこの仏《ほとけ》の*慈悲《じひ》に頼らなければならない。

仏《ほとけ》は実に聖者の中の尊い聖者であり、この世の父である。だから、あらゆる人びとはみな仏《ほとけ》の子である。彼らはひたすらこの世の楽しみにのみかかわり、その災いを見通す*智慧《ちえ》を持たない。この世は苦しみに満ちた恐るべきところ、老いと病と死の炎は燃えてやまない。

ところが、仏《ほとけ》は迷いの世界という燃えさかる家を離れ、静寂な林にあって、「いまこの世界はわがものであり、その中の生けるものたちはみなわが子である。限りない悩みを救うのはわれひとりである」と言う。

仏《ほとけ》は実に、大いなる*法の王であるから、思いのままに教えを説く。仏《ほとけ》はただ、人びとを安らかにし、恵みをもたらすためにこの世に現れた。人びとを苦しみから救い出すために、仏《ほとけ》は*法を説いた。ところが、人びとは欲に駆《か》られて聞く耳を持たず気にもしていない。

しかし、この教えを聞いて喜ぶ人は、もはや決して迷いの世界に退くことのない境地におかれるであろう。「わが教えは、ただ信によってのみ入ることができるのであって、自分の知恵によるのではない」と仏《ほとけ》は言った。したがって仏《ほとけ》の教えに耳を傾け、それを実践すべきである。

第　二　部

DHARMA

お　し　え

第一章　因《いん》　縁《ねん》

第一節　四つの真理

一、この人間世界は苦しみに満ちている。生も苦しみであり、老いも病も死もみな苦しみである。怨《うら》みあるものと会わなければならないことも、愛するものと別れなければならないことも、また求めて得られないことも苦しみである。まことに、執着《しゅうじゃく》を離れない人生はすべて苦しみである。これを苦しみの真理（苦諦《くたい》）という。

この人生の苦しみが、どうして起こるかというと、それは人間の心につきまとう*煩《ぼん》悩《のう》から起こることは疑いない。その*煩悩《ぼんのう》を突《つ》き詰《つ》めていけば、生まれつきそなわっている激しい欲望に根ざしていることがわかる。このような欲望は、生に対する激しい執着《しゅうじゃく》をもととしていて、見るもの聞くものを欲しがる欲望となる。また転じて、死さえ願うようにもなる。これを苦しみの原因の真理（集諦《じったい》）という。

この*煩悩《ぼんのう》の根本を残りなく滅ぼし尽くし、すべての執着《しゅうじゃく》を離れれば人間の苦しみもなくなる。これを苦しみの消滅の真理（滅諦《めったい》）という。

この苦しみを滅ぼし尽くした境地に入るには、八つの正しい道（八正道《はっしょうどう》）を修めなければならない。八つの正しい道というのは、正しい見方、正しい考え方、正しいことば、正しい行い、正しい生活、正しい努力、正しい気づき、正しい心の統一である。これらの八つは欲望を滅ぼすための正しい道の真理（道諦《どうたい》）といわれる。

これらの真理を人はしっかり身につけなければならない。というのは、この世は苦しみに満ちていて、この苦しみから逃れようとする者はだれでも*煩悩《ぼんのう》を断ち切らなければならないからである。*煩悩《ぼんのう》と苦しみのなくなった境地は、さとりによってのみ到達し得る。さとりはこの八つの正しい道によってのみ達し得られる。

二、道を志す人は、この四つの聖《とうと》い真理（四諦《したい》）を知らなければならない。これらを知らないために、長い間、迷いの道にさまよってやむときがない。この四つの聖《とうと》い真理を知る人をさとりの眼を得た人という。

だから、よく心を一つにして*仏《ほとけ》の教えを受け、この四つの聖《とうと》い真理を明らかに知らなければならない。いつの世のどのような聖者も、正しい聖者であるならば、みなこの四つの聖《とうと》い真理をさとった人であり、四つの聖《とうと》い真理を教える人である。

この四つの聖《とうと》い真理が明らかになったとき、人は初めて、欲から遠ざかり、世間と争わず、殺さず、盗まず、よこしまな愛欲を犯さず、欺《あざむ》かず、そしらず、へつらわず、ねたまず、瞋《いか》らず、人生の*無常《むじょう》を忘れず、道にはずれることがない。

三、道を行うものは、例えば、灯火《ともしび》を掲げて、暗黒の部屋に入るようなものである。闇《やみ》はたちまち去り、明るさに満たされる。

道を学んで、明らかにこの四つの聖《とうと》い真理を知れば、*智慧《ちえ》の灯火《ともしび》を得て、無知の闇《やみ》は滅びる。

仏《ほとけ》はただこの四つの聖《とうと》い真理を示すことによって人びとを導くのである。教えを正しく身に受けるものは、この四つの聖《とうと》い真理によって、はかないこの世において、まことのさとりを開き、この世の人びとの守りとなり、頼りとなる。それは、この四つの聖《とうと》い真理が明らかになれば、あらゆる*煩悩《ぼんのう》のもとである*無明《むみょう》が滅びるからである。

仏《ほとけ》の弟子たちはこの四つの聖《とうと》い真理によって、あらゆる教えに達し、すべての道理を知る*智慧《ちえ》と*功徳《くどく》とをそなえ、どんな人びとに向かっても、自在に教えを説くことができる。

第二節　不思議なつながり

一、人びとの苦しみには原因があり、人びとのさとりには道があるように、すべてのものは、みな縁によって生まれ、縁によって滅びる。

雨の降るのも、風の吹くのも、花の咲くのも、葉の散るのも、すべて縁によって生じ、縁によって滅びるのである。

この身は父母を縁として生まれ、食物によって維持され、また、この心も経験と知識とによって育ったものである。

だから、この身も、この心も、縁によって成り立ち、縁によって変わるといわなければならない。

網の目が、互いにつながりあって網を作っているように、すべてのものは、つながりあってできている。

一つの網の目が、それだけで網の目であると考えるならば、大きな誤りである。網の目は、ほかの網の目とかかわりあって、一つの網の目といわれる。網の目は、それぞれ、ほかの網の目が成り立つために、役立っている。

二、花の咲く縁が集まって花は咲き、葉の散る縁が集まって葉は散る。ひとり咲き、ひとり散るのではない。

縁によって咲き、縁によって散るのであるから、どんなものも、みなうつり変わる。ひとりで存在するものも、常にとどまるものもない。

すべてのものが、縁によって生じ、縁によって滅びるのは永遠不変の道理である。だから、うつり変わり、常にとどまらないということは、天地の間に動くことのない、まことの道理であり、これだけは永久に変わらない。

第三節　ささえあって

一、それでは、人びとの憂《うれ》い・悲しみ・苦しみ・もだえは、どうして起こるのか。それは、人に執着《しゅうじゃく》があるからである。

富に執着《しゅうじゃく》し、名誉利欲に執着《しゅうじゃく》し、悦楽に執着《しゅうじゃく》し、自分自身に執着《しゅうじゃく》する。この執着《しゅうじゃく》から悩みや苦しみが生まれる。

初めから、この世界にはいろいろな災いがあり、そのうえ、老いと病と死とを避けることができないから、悲しみや苦しみがある。

しかし、それらも突《つ》き詰《つ》めてみれば、執着《しゅうじゃく》があるから、悲しみや苦しみとなるのであり、執着《しゅうじゃく》を離れさえすれば、すべての悩みや苦しみはあとかたもなく消えうせる。

さらにこの執着《しゅうじゃく》を押しつめてみると、人びとの心のうちに、*無明《むみょう》と貪愛《とんあい》とが見いだされる。

*無明《むみょう》とはうつり変わるもののすがたに眼が開けず、因果《いんが》の道理に暗いことである。

貪愛《とんあい》とは、得ることのできないものを貪《むさぼ》って、執着《しゅうじゃく》し愛着することである。

本来、ものに差別はないのに、差別を認めるのは、この*無明《むみょう》と貪愛《とんあい》とのはたらきである。また本来、ものに良否はないのに、良否を見るのは、この*無明《むみょう》と貪愛《とんあい》とのはたらきである。

すべての人びとは、常によこしまな思いを起こして、愚かさのために正しく見ることができなくなり、自我にとらわれて間違った行いをし、その結果、迷いの身を生じることになる。

*業《ごう》を田とし、心を種とし、*無明《むみょう》の土に覆《おお》われ、貪愛《とんあい》の雨で潤《うるお》い、自我の水をそそぎ、よこしまな見方を増して、この迷いを生み出している。

二、だから、結局のところ、憂《うれ》いと悲しみと苦しみと悩みのある迷いの世界を生み出すものは、人びとの持つこの心である。

迷いのこの世は、ただこの心から現れた心の影にほかならず、さとりの世界もまた、この心から現れる。

三、この世の中には三つの誤った見方がある。もしこれらの見方に従ってゆくと、この世のすべてのことが否定されることになる。

一つには、ある人は、人間がこの世で経験するどのようなことも、すべて運命であると主張する。二つには、ある人は、それはすべて神の仕業《しわざ》であるという。三つには、ある人は、すべて因も縁もないものであるという。

もしも、すべてが運命によって定まっているならば、この世においては、善いことをするのも、悪いことをするのも、みな運命であり、幸・不幸もすべて運命となって、運命のほかには何ものも存在しないことになる。

したがって、人びとに、これはしなければならない、これはしてはならないという基準も、希望も努力もなくなり、世の中の進歩も改良もないことになる。

他の二つの説についても、同じことがいえるから、人びとにとって、悪を離れ、善をなそうという意志も努力も意味もすべてなくなってしまう。

だから、この三つの見方はみな誤っている。どんなことも縁によって生じ、縁によって滅びるものである。

第二章　人の心ともののありのままの姿

第一節　変わりゆくものは〈我《が》〉ではない

身も心も、*因縁《いんねん》によってできているものであるから、すべてを支配するという〈我《が》（実体的自己）〉ではない。この身は*因縁《いんねん》の集まりであるから、うつり変わって、すこしもとどまることのない*無常《むじょう》なものである。

もしも、この身が〈我《が》〉であるなら、かくあれ、かくあることなかれ、と思えば、その身を思いのままにすることができるはずである。

例えば王はその治める国において、罰すべきものを罰し、賞すべきものを賞し、自分の思いのままにすることができる。それなのに、たとえ王であっても、わが身については、願わないのに病み、望まないのに老い、一つとして思うようにならない。

それと同じく、この心もまた〈我《が》〉ではない。心もまた*因縁《いんねん》の集まりであり、常にうつり変わる*無常《むじょう》なものである。

もしも、心が〈我《が》〉であるなら、かくあれ、かくあることなかれ、と思えば、その心を思いのままにすることができるはずである。それなのに、心は欲しないのに悪を思い、願わないのに善から遠ざかり、一つとして自分の思うようにはならない。

二、この身は永遠に変わらない常住《じょうじゅう》なものであるのか、それとも、変化し続ける*無常《むじょう》なものであるのかと問われれば、だれもが*無常《むじょう》なものであると答えるに違いない。

*無常《むじょう》なものは苦しみであるのか、それとも、楽しみであるのかと問われれば、生まれた者は老いと病と死を免れることができないと気づくとき、だれもが苦しみであると答えるに違いない。

このように*無常《むじょう》であって、うつり変わり苦しみである身を、変わることなく存在する〈我《が》〉である、〈わがもの〉である、と思うのは間違っている。

心もまた、その身と同じように、*無常《むじょう》であり、苦しみであり、〈我《が》〉ではない。

だから、この自分を組み立てている身と心や、それをとりまく環境は、〈我〉とか〈わがもの〉という観念を離れたものである。

*智慧《ちえ》のない心が、〈我《が》〉である、〈わがもの〉である、と執着《しゅうじゃく》するにすぎない。

身もそれをとりまく環境も縁によって生じたものであるから、変わりに変わって、しばらくもとどまることがない。流れる水のように、また灯火《ともしび》のようにうつり変わっている。心もまた猿のように動き騒ぎ、しばらくの間も静かにとどまることがない。

*智慧《ちえ》あるものは、このように見、このように聞いて、身と心とに対する執着《しゅうじゃく》を去らなければならない。心身ともに執着《しゅうじゃく》を離れたとき、さとりが得られる。

三、この世において、どんな人にもなしえないことが五つある。一つには、老いゆく身でありながら、老いないということ。二つには、病む身でありながら、病まないということ。三つには、死すべき身でありながら、死なないということ。四つには、滅ぶべきものでありながら、滅びないということ。五つには、尽きるべきものでありながら、尽きないということである。

世の常の人びとは、この避け難いことにつき当たり、いたずらに苦しみ悩むのであるが、仏《ほとけ》の教えを受けた人は、避け難いことを避け難いと知るから、このような愚かな悩みをいだくことはない。

また、この世に四つの真実がある。第一に、すべて生きとし生けるものは、殺すべきではないということ。第二に、すべて欲望の対象となるものは、*無常《むじょう》であり、苦しみであり、うつり変わるものであること。第三に、すべて存在するものは、*無常《むじょう》であり、苦しみであり、うつり変わるものであること。第四に、〈我《が》〉も、〈わがもの〉もないということである。

すべてのものは、*無常《むじょう》であり、あらゆるものは苦しみであり、どのようなものも〈我《が》〉ではないということは、仏《ほとけ》がこの世に出現するとしないとにかかわらず、いつも定まっているまことの道理である。仏《ほとけ》はこれを知り、このことをさとって、人びとを教え導く。

第二節　心の構造

一、迷いもさとりも心から現れ、すべてのものは心によって作られる。ちょうど手品師が、いろいろなものを自由に現すようなものである。

人の心の変化には限りがなく、そのはたらきにも限りがない。汚れた心からは汚れた世界が現れ、清らかな心からは清らかな世界が現れるから、外界の変化にも限りがない。

絵は絵師によって描かれ、外界は心によって作られる。仏《ほとけ》の作る世界は、*煩悩《ぼんのう》を離れて清らかであり、人の作る世界は*煩悩《ぼんのう》によって汚れている。

心は巧みな絵師のように、さまざまな世界を描き出す。この世の中で心のはたらきによって作り出されないものは何一つない。心のように仏《ほとけ》もそうであり、仏《ほとけ》のように人びともそうである。だから、すべてのものを描き出すということにおいて、心と仏《ほとけ》と人びとと、この三つのものに区別はない。

すべてのものは、心から起こると、仏《ほとけ》は正しく知っている。だから、このように知る人は、真実の仏《ほとけ》を見ることになる。

二、ところが、この心は常に恐れ悲しみ悩んでいる。すでに起こったことを恐れ、まだ起こらないことをも恐れている。なぜなら、この心の中に*無明《むみょう》と貪《むさぼ》りとがあるからである。

この貪《むさぼ》りの心から迷いの世界が生まれ、迷いの世界のさまざまな*因縁《いんねん》も、要約すれば、みな心そのものの中にある。

迷いの生死《しょうじ》にかかわる心が滅びると、迷いの生死《しょうじ》は尽きる。

迷いの世界はこの心から起こり、迷いの心で見るので、迷いの世界となる。心を離れて迷いの世界がないと知れば、汚れを離れてさとりを得るであろう。

このように、この世界は心に導かれ、心に引きずられ、心の支配を受けている。迷いの心によって、悩みに満ちた世間が現れる。

三、すべてのものは、みな心を先とし、心を主《あるじ》とし、心から成っている。汚れた心でものを言い、また身で行うと、苦しみがその人に従うのは、ちょうど牽《ひ》く牛に車が従うようなものである。

しかし、もし善い心でものを言い、または身で行うと、楽しみがその人に従うのは、ちょうど影が形に添うようなものである。悪い行いをする人は、その悪の報《むく》いを受けて苦しみ、善い行いをする人は、その善の報《むく》いを受けて楽しむ。

この心が濁ると、その道は平らでなくなり、そのために倒れなければならない。また、心が清らかであるならば、その道は平らになり、安らかになる。

身と心との清らかさを楽しむものは、悪魔の網を破って仏《ほとけ》の大地を歩むものである。心の静かな人は安らかさを得て、ますます努めて夜も昼も心を修めるであろう。

第三節　真実のすがた

一、この世のすべてのものは、みな縁によって現れたものであるから、もともと違いはない。違いを見るのは、人びとの偏見である。

大空に東西の区別がないのに、人びとは東西の区別をつけ、東だ西だと執着《しゅうじゃく》する。

数はもともと、一から無限の数まで、それぞれ完全な数であって、区別はないのであるけれども、人びとは欲の心からはからって、多少の区別をつける。

もともと生もなければ滅もないのに、生滅《しょうめつ》の区別を見、また、人間の行為それ自体には善もなければ悪もないのに、善悪を区別するのが、人びとの偏見である。

仏《ほとけ》はこの偏見を離れて、世の中は空に浮かぶ雲のような、また幻のようなもので、捨てるも取るもみなむなしいことであると見て、心のはからいを離れている。

二、人ははからいから、すべてのものに執着《しゅうじゃく》する。富《とみ》に執着《しゅうじゃく》し、財に執着《しゅうじゃく》し、名に執《しゅう》着《じゃく》し、命に執着《しゅうじゃく》する。

有無、善悪、正邪、すべてのものにとらわれて迷いを重ね、苦しみと悩みとを招く。

ここに一つのたとえがある。ひとりの人が長い旅を続け、大きな河にたどりついた。そのとき、この河のこちらの岸は危ういが、向こう岸は安らかに見えたため、筏《いかだ》を作り、その筏《いかだ》によって、向こう岸に無事に着くことができた。そこで「この筏《いかだ》は、わたしを安らかにこちらの岸へ渡してくれた。大変役に立った筏《いかだ》である。だから、この筏《いかだ》を捨てることなく、肩に担《かつ》いで、行く先へ持って行こう」と思ったのである。

このとき、この人は筏《いかだ》に対して、しなければならないことをしたといわれるであろうか。そうではない。

このたとえは、「正しいことさえ執着《しゅうじゃく》すべきではなく、捨て去らなければならない。まして、正しくないことは、なおさら捨てなければならない」ということを示している。

三、すべてのものは、来ることもなく、去ることもなく、生じることもなく、滅することもなく、したがって得ることもなければ、失うこともない。

仏《ほとけ》は、「すべてのものは有無の範疇《はんちゅう》を離れているから、有にあらず、無にあらず、生じることもなく、滅することもない」と説く。すなわち、すべてのものは*因縁《いんねん》から成っていて、ものそれ自体の本性は実在性がないから、有にあらずといい、また*因縁《いんねん》から成っているので無でもないから、無にあらずというのである。

ものの相《すがた》を見て、これに執着《しゅうじゃく》するのは、迷いの心を招く原因となる。もしも、ものの相《すがた》を見ても執着《しゅうじゃく》しないならば、はからいは起こらない。さとりは、このまことの道理を見て、はからいの心を離れることである。

まことに世は夢のようであり、財宝もまた幻のようなものである。絵に描かれた遠近と同じく、見えるけれども、あるのではない。すべては陽炎《かげろう》のようなものである。

四、無量の*因縁《いんねん》によって現れたものが、永久にそのまま存在する（有）と信じるのは、常見《じょうけん》という誤った見方である。また、全くなくなる（無）と信じるのは、断見《だんけん》という誤った見方である。

この断《だん》・常《じょう》・有《う》・無《む》は、ものそのものの姿ではなく、人の執着《しゅうじゃく》から見た姿である。すべてのものは、もともとこの執着《しゅうじゃく》の姿を離れている。

ものはすべて縁によって起こったものであるから、みなうつり変わる。実体を持っているもののように永遠不変ではない。うつり変わるので、幻のようであり、陽炎《かげろう》のようではあるが、しかもまた同時に、そのままで真実である。うつり変わるままに永遠不変なのである。

川は人にとっては川と見えるけれども、水を火と見る餓鬼《がき》にとっては、川とは見えない。だから、川は餓鬼《がき》にとっては「ある」とはいえず、人にとっては「ない」とはいえない。

これと同じように、すべてのものは、みな「ある」ともいえず、「ない」ともいえない、幻のようなものである。

しかも、この幻のような世界を離れて、真実の世も永遠不変の世もないのであるから、この世を、仮のものと見るのも誤り、実の世と見るのも誤りである。

世の人びとは、この世を真実と見ているが、*智慧《ちえ》ある人は幻を幻と見るから、ついにこの誤りを犯すことはない。

第四節　かたよらない道

一、道を修めるものとして、避けなければならない二つの偏《かたよ》った生活がある。その一は、欲に負けて、欲にふける卑《いや》しい生活であり、その二は、いたずらに自分の心身を責めさいなむ苦行の生活である。

この二つの偏《かたよ》った生活を離れて、心眼を開き、*智慧《ちえ》を深め、さとりに導く*中道《ちゅうどう》の生活がある。

この*中道《ちゅうどう》の生活とは何であるか。正しい見方、正しい考え方、正しいことば、正しい行い、正しい生活、正しい努力、正しい気づき、正しい心の統一、この八つの正しい道（八正道《はっしょうどう》）である。

すべてのものは縁によって生滅《しょうめつ》するものであるから、有と無とを離れている。愚かな者は、あるいは有と見、あるいは無と見るが、正しい*智慧《ちえ》の見るところは、有と無とを離れている。これが*中道《ちゅうどう》の正しい見方である。

二、一本の材木が、大きな河を流れているとする。その材木が、左右の岸に近づかず、中流にも沈まず、陸《おか》にも上《のぼ》らず、人にも取られず、渦《うず》にも巻き込まれず、内から腐ることもなければ、その材木はついに海に流れ入るであろう。

この材木のたとえのように、内にも外にもとらわれず、有にも無にもとらわれず、正にも邪にもとらわれず、迷いを離れ、さとりにこだわらず、中流に身をまかせるのが、道を修めるものの*中道《ちゅうどう》の見方、*中道《ちゅうどう》の生活である。

道を修める生活にとって大事なことは、両極端にとらわれず、常に*中道《ちゅうどう》を歩むことである。

すべてのものは、生じることもなく、滅することもなく、きまった性質のないものと知ってとらわれず、自分の行っている善にもとらわれず、すべてのものに縛られてはならない。

とらわれないとは握りしめないこと、執着《しゅうじゃく》しないことである。道を修める者は、死を恐れず、また、生をも願わない。この見方、あの見方と、どのような見方のあとをも追わないのである。

人が執着《しゅうじゃく》の心を起こすとき、たちまち、迷いの生活が始まる。だから、さとりへの道を歩むものは、握りしめず、取らず、とどまらない、とらわれのない生活を送らなければならない。
三、さとりにはきまった形やものがないから、さとることはあるがさとられるものはない。
迷いがあるからさとりというのであって、迷いがなくなればさとりもなくなる。迷いを離れてさとりはなく、さとりを離れて迷いはない。

だから、さとりのあるのはなお障《さまた》げとなる。闇《やみ》があるから照らすということがあり、闇《やみ》がなくなれば照らすということもなくなる。照らすことと照らされるものと、ともになくなってしまうのである。

まことに、道を修めるものは、さとってさとりにとどまらない。さとりにとどまろうとするのは、なお迷いだからである。

この境地に至れば、すべては、迷いのままにさとりであり、闇《やみ》のままに光である。すべての*煩悩《ぼんのう》がそのままさとりであるところまで、さとりきらなければならない。

四、ものが平等であって区別のないことを*空《くう》という。ものそれ自体の本質である自性《じしょう》は、実体がなく、生じることも、滅することもなく、それはことばでいい表すことができないから、*空《くう》というのである。

すべてのものは互いに関係して成り立ち、互いに依《よ》り合って存在するものであり、ひとりで成り立つものではない。

ちょうど、光と影、長と短、白と黒のようなもので、ものそれ自体の本質が、ただひとりであり得るものではないから無自性《むじしょう》という。

また、迷いのほかにさとりがなく、さとりのほかに迷いがない。これら二つは、互いに相違するものではないから、ものには二つの相反した姿があるのではない。

五、人はいつも、ものの生じることと、滅することとを見るのであるが、ものにはもともと生じることがないのであるから、滅することもない。

このものの真実の姿を見る眼を得て、ものに生滅《しょうめつ》の二つのないことを知り、人は生滅《しょうめつ》が別のものではないという真理をさとるのである。

人は〈我《が》〉があると思うから、〈わがもの〉と執着《しゅうじゃく》する。しかし、もともと、〈我《が》〉がないのであるから、〈わがもの〉があるはずがない。〈我《が》〉と〈わがもの〉がないことを知って、人はその真理をさとるのである。

人は清らかさと汚れとがあると思って、この二つにこだわる。しかし、ものにはもともと、清らかさもなければ汚れもなく、清らかさも汚れも、ともに人が心のはからいの上に作ったものにすぎないことを知り、人はその真理をさとるのである。

人は善と悪とを、もともと別なものと思い、善悪にこだわっている。しかし、単なる善もなく、単なる悪もない。さとりの道に入った人はこの善悪はもともと別ではないと知って、人はその真理をさとるのである。

人は不幸を恐れて幸福を望む。しかし、真実の*智慧《ちえ》をもってこの二つをながめると、不幸の状態がそのままに、幸福であることがわかる。それだから、不幸がそのままに幸福であるとさとって、心身の自由を束縛する迷いも真実の自由も特別にはないと知って、こうして、人はその真理をさとるのである。

だから、有と無といい、迷いとさとりといい、実と不実といい、正と邪といっても、実は相反した二つのものがあるのではなく、まことの姿においては、言うことも示すことも、識《し》ることもできない。このようなことばや考えを離れることが必要である。人はこのようなことばや考えを離れたとき、真実の*空《くう》をさとることができる。

六、例えば、蓮華《れんげ》が清らかな高原や陸地に生えず、かえって汚い泥《どろ》の中に咲くように、迷いを離れてさとりがあるのではなく、誤った見方や迷いが仏《ほとけ》の種となる。

あらゆる危険をおかして海の底に降りなければ、価《あたい》も知れないほどにすばらしい宝は得られないように、迷いの泥海《どろうみ》の中に入らなければ、さとりの宝を得ることはできない。山のように大きな自己への執着《しゅうじゃく》を持つ者であって、はじめて道を求める心も起こし、さとりもついに生じるであろう。

だから、昔、仙人《せんにん》が刃《やいば》の山に登っても傷つかず、自分の身を大火の中に投げ入れても焼け死なず、すがすがしさを覚えたというように、道を求める心があれば、名誉利欲の刃《やいば》の山や、憎しみの大火の中にも、さとりの涼しい風が吹き渡ることであろう。

七、仏《ほとけ》の教えは、相反する二つを離れて、それらが別のものではないという真理をさとることである。もしも、相反する二つの中の一つを取って執着《しゅうじゃく》すれば、たとえ、それが善であっても、正であっても、誤ったものになる。

人がすべてのものはうつり変わるという考えに執《とら》われるならば、これも間違った考えにおちいるものであり、また、すべてのものは変わらないという考えにとらわれるならば、これももとより間違った考えなのである。もしまた人が〈我《が》〉があると執着《しゅうじゃく》すれば、それは誤った考えで、常に苦しみを離れることができない。もしも〈我《が》〉がないと執着《しゅうじゃく》するならば、それも間違った考えで、道を修めても効果がない。

また、すべてのものはただ苦しみであると執《とら》われれば、これも間違った考えであり、また、すべてのものはただ楽しみだけであるといえば、これも間違った考えである。仏の教えは*中道《ちゅうどう》であって、これらの二つの偏《かたよ》りから離れている。

第三章　さとりの種

第一節　清らかな心

一、人にはいろいろな種類がある。心の汚れの少ないものもあれば、汚れの多いものもあり、賢いものもあれば、愚かなものもある。善い性質のものもあれば、悪い性質のものもあり、教えやすいものもあれば、教えにくいものもある。

たとえていうと、青・赤・白、色さまざまな蓮《はす》の池があって、水中に生え、水中に育って、水の表面にでない蓮《はす》もあれば、水面にとどまる蓮《はす》もあり、水面を離れて、水にもぬれない蓮《はす》もあるようなものである。

この違いの上に、さらにまた、男性・女性の違いがあるが、しかし、人の本性として違いがあるのではない。男性も女性も道を修めれば、しかるべき心の道すじを経《へ》て、さとりに至るであろう。

象を扱う術を学ぶのには、信念をもち、健康で勤勉であって、偽りがなく、その上に知恵がなければならない。仏《ほとけ》に従ってさとりを得るにも、やはりこの五つがなければならない。この五つがあれば、男性でも女性でも、仏《ほとけ》の教えを学ぶのに長い年月を要しない。これは、人にはみな、さとりを得る性質がそなわっているからである。

二、さとりの道において、人はおのれの目をもって仏《ほとけ》を見、心をもって仏《ほとけ》を信じる。それと同じく、人をして生死《しょうじ》の巷《ちまた》に今日まで流転《るてん》させたのも、また、この目と心である。

国王が、侵入した賊を討とうとするとき、何よりも先に、その賊のありかを知ることが必要であるように、いま迷いをなくそうとするのにも、まずその目と心のありかを確かめなければならない。

人が室内にいて目を開けば、まず、部屋の中のものを見、やがて窓を通して、外の景色を見る。部屋の内のものを見ないで、外のものばかりを見る目はない。

ところが、もしもこの身体《からだ》の内に心があるならば、何よりも先に、身体《からだ》の内のことを詳しく知らなければならないはずであるのに、人びとは、身体《からだ》の外のことだけをよく知っていて、身体《からだ》の内のことについては、ほとんど何ごとも知ることができない。

また、もしも心が身体《からだ》の外にあるとするならば、身体《からだ》と心とが互いに離れて、心の知るところを身体《からだ》は知らず、身体《からだ》の知るところを心は知らないはずである。ところが、事実は、心の知るところを身体《からだ》が感じ、身体《からだ》に感じるところを心はよく知っているから、心は身体《からだ》の外にあるということもできない。いったい、心の本体はどこにあるのであろうか。

三、もともと、すべての人びとが、始めも知れない昔から、*業《ごう》のきずなに縛られて、迷いを重ねているのは、二つのことを知らないからである。

一つには生死《しょうじ》のもとである迷いの心を、自己の本性と思っていることを知らない。二つには、さとりの本性である清浄《しょうじょう》な心が、迷いの心の裏側に隠されたまま自己にそなわっていることを知らない。

拳《こぶし》をかためて臂《ひじ》をあげると、目はこれを見て心はこのことを知る。しかし、その知る心は、真実の心ではなく、はからいの心である。

それは自分の都合だけを考える心であり、欲から起こり、縁に触れて起こる心であって、実体のない、うつり変わる心である。この心を、実体がある心と思うところに、迷いが起こる。

次に、その拳《こぶし》を開くと、心は拳《こぶし》の開いたことを知る。動くものは手であろうか、心であろうか、それとも、そのいずれでもないのか。

手が動けば心も動き、また、心の動きにつれて手も動く。しかし、動く心は、心の表面であって根本の心ではない。

四、すべての人びとには、清浄《しょうじょう》の本心がある。それが外の*因縁《いんねん》によって起こる迷いのちりのために覆《おお》われている。しかし、あくまでも迷いのちりは外から訪れる客であって主《あるじ》ではない。

月は、しばらく雲に覆《おお》われても、雲に汚されることもなく、また動かされることもない。

だから、人は漂《ただよ》うちりのような迷いに覆《おお》われた心を自己の本性と思ってはならない。

また、人は、動かず、汚されないさとりの本心に目覚めて、真実の自己に帰らなければならない。迷いの心にとらわれ、さかさまの見方に追われているので、人は迷いの巷《ちまた》をさまようのである。

人の心の迷いや汚れは、欲とその変化する外界の縁に触れて起こるものである。

この縁の来ること去ることに関係なく、永久に動かず滅びない心、これが人の心の本性であって、また主《あるじ》でもある。

客が去ったからといって、宿屋の主《あるじ》がいなくなったとはいえないように、縁によって生じたり滅したりする迷いの心がなくなったからといって、自分がなくなったとはいえない。外の*因縁《いんねん》によってうつり変わる迷いは、心の本性ではない。

五、ここに講堂があって、太陽が昇って明るくなり、太陽が沈んで暗くなるとする。明るさは太陽に返し、暗さは夜に返すこともできよう。しかし、その明るさや暗さを知る力は、どこにも返すことはできない。それは心の本性に返すよりほかに道はない。

太陽が現れて、明るいと見るのもひとときの心であり、太陽が隠れて、暗いと見るのもひとときの心である。

このように、明暗という外の*因縁《いんねん》に引かれて、明暗を知る心が起こるが、明暗を知る心は、ひとときの心であって、心の本性ではなく、その明暗を知る力の根本は、心の本性である。

外の*因縁《いんねん》に引かれて生じたり滅したりする善悪・愛憎の念《おもい》は、人の心に積まれた汚れによって起こるひとときの心なのである。

*煩悩《ぼんのう》のちりに包まれて、しかも染まることも、汚れることもない、本来清浄《しょうじょう》な心がある。まるい器《うつわ》に水を入れるとまるくなり、四角な器《うつわ》に水を入れると四角になる。しか

し、本来、水にまるや四角の形があるのではない。ところが、すべての人びとはこのことを忘れて、水の形に執《とら》われている。

善《よ》し悪《あ》しと見、好む好まぬと考え、有り無しと思い、その考えに執《とら》われて、その見方に縛られて、外のものを追って苦しんでいる。

縛られた見方を外の*因縁《いんねん》に返し、縛られることのない自己の本性にたち帰ると、身も心も、何ものにもさえぎられることのない、自由な境地が得られるであろう。

第二節　かくれた宝

一、清浄《しょうじょう》の本心とは、ことばを換《か》えていえば*仏性《ぶっしょう》である。*仏性《ぶっしょう》とは、すなわち仏《ほとけ》の種である。

レンズを取って太陽に向かい、その光をもぐさに当てて火を求めるときに、火はどこから来るのであろうか。太陽ともぐさとは互いに遠く隔たっているけれども、太陽の光がレンズを縁とし、もぐさの上に火として現れることは疑いない。また、太陽の光があっても、もぐさに燃える性質がなければ、もぐさに火は熾《おこ》らない。

いま、*仏性《ぶっしょう》をそなえた人びとというもぐさに、仏《ほとけ》が*智慧《ちえ》の光明を当てれば、*仏性《ぶっしょう》が信の火として現れ出て、もぐさの上に燃えあがる。

仏《ほとけ》はその*智慧《ちえ》のレンズを取って世界に当てられるから、世界中に信の火が燃えあがるのである。

二、人びとは、この本来そなわっている*仏性《ぶっしょう》に気づかず、*煩悩《ぼんのう》のちりにとらわれ、ものの善《よ》し悪《あ》しの姿に心を縛られて、不自由を嘆いている。

なぜ、人びとは、本来さとりの心をそなえていながら、このように妄想《もうぞう》し、*仏性《ぶっしょう》の光を隠し、迷いの世界にさまよっているのであろうか。

昔ある男が、ある朝鏡に向かって、自分の顔も頭もないのにあわて驚いた。しかし、顔も頭もなくなったのではなく、それは鏡を裏返しに見ていて、なくなったと思っていたのであった。

さとりに達しようとして達せられないからといって苦しむのは愚かであり、また、必要のないことである。さとりの中に迷いはないのであるが、限りない長い時間に、*煩《ぼん》悩《のう》に動かされて、妄想《もうぞう》を描き、その妄想《もうぞう》によって迷いの世界を作り出していたのである。

だから、妄想《もうぞう》が止めば、さとりはおのずと現れ出て、さとりのほかに妄想《もうぞう》があるのではないとわかるようになる。しかも、不思議なことに、ひとたびさとった者には妄想《もうぞう》はなく、さとられるものもなかったことに気づくのである。

三、この*仏性《ぶっしょう》は尽きることがない。たとえ畜生《ちくしょう》に生まれ、餓鬼《がき》となって苦しみ、地獄に落ちても、この*仏性《ぶっしょう》は絶えることはない。

汚い体の中にも、汚れた*煩悩《ぼんのう》の底にも、*仏性《ぶっしょう》の光が覆《おお》い隠されている。

四、昔、ある人が友の家に行き、酒に酔って眠っているうちに、急用で友は旅立った。友はその人の将来を気遣い、価《あたい》の高い宝石をその人の衣服のえりに縫いこんでおいた。

そうとは知らず、その人は酔いからさめて他国へとさすらい、衣食に苦しんだ。その後、ふたたびその旧友にめぐり会い、「おまえの衣服のえりに縫いこまれている宝石を用いよ」と教えられた。

このたとえのように、*仏性《ぶっしょう》の宝石は、貪《むさぼ》りや瞋《いか》りという*煩悩《ぼんのう》の衣服のえりに包まれて、汚されずにいるのである。

このように、どんな人でも仏《ほとけ》の*智慧《ちえ》のそなわらないものはないから、仏《ほとけ》は人びとを見通して、「すばらしいことだ、人びとはみな仏《ほとけ》の*智慧《ちえ》と*功徳《くどく》とをそなえている」とほめたたえる。

しかも、人びとは愚かさに覆《おお》われて、ものごとを逆さまに見て、おのれの*仏性《ぶっしょう》を見ることができないから、仏《ほとけ》は人びとに教えて、その妄想《もうぞう》を離れさせ、本来、仏《ほとけ》と違わないものであることを知らせる。

五、ここでいう仏《ほとけ》とはすでに成った仏《ほとけ》のことであり、人びととは将来まさに成るべき仏《ほとけ》のことであって、それ以外の相違はない。

しかし、仏《ほとけ》と成る身ではあるけれども、仏《ほとけ》と成ったのではないから、すでに道を成し遂げたかのように考えるなら、それは大きな過ちを犯しているのである。

*仏性《ぶっしょう》はあっても、道を修めなければ現れず、現れなければ道を成し遂げたのではない。

六、昔、ひとりの王があって、象を見たことのない人を集め、目かくしして象に触れさせて、象とはどんなものであるかを、ひとりひとりに言わせた。象の牙《きば》に触れた者は、象は大きな人参《にんじん》のようなものであるといい、耳に触れた者は、扇のようなものであるといい、鼻に触れた者は、杵《きね》のようなものであるといい、足に触れた者は、臼《うす》のようなものであるといい、尾に触れた者は、縄《なわ》のようなものであると答えた。ひとりとして象そのものを捉えることができた者はいなかった。

人を見るのもこれと同じで、人の一部分に触れることができても、その本性である*仏性《ぶっしょう》を言い当てることは容易ではない。

死によっても失われず、*煩悩《ぼんのう》の中にあっても汚れず、しかも永遠に滅びることのない*仏性《ぶっしょう》を見つけることは、仏《ほとけ》と仏《ほとけ》の教えによってでしか、なし得ないのである。

第三節　とらわれを離れて

一、このように、人には*仏性《ぶっしょう》があるというと、それは他の教えでいう〈我《が》〉と同じであると思うかも知れないが、それは誤りである。

〈我《が》〉の考えは執着心《しゅうじゃくしん》によって考えられるけれども、さとった人にとっては、〈我《が》〉は否定されなければならない執着《しゅうじゃく》であり、*仏性《ぶっしょう》は開き現さなければならない宝である。*仏性《ぶっしょう》は〈我《が》〉に似ているけれども、〈我《が》〉ではない。

〈我《が》〉があると考えるのは、無いものを有ると考える、さかさまの見方であり、*仏性《ぶっしょう》を認めないことも、有るものを無いと考える、さかさまの見方である。

例えば、幼子《おさなご》が病にかかって医師にかかるとすると、医師は薬を与えて、この薬が効《き》くまでは乳を与えてはならないと言いつける。

母は乳房《ちぶさ》に苦いものを塗り、子に乳をいやがらせる。後に、薬が効いたときに、乳房《ちぶさ》を洗って、子の口にふくませる。母のこのふるまいは、わが子をいとおしむやさしい心からくるものである。

ちょうどこのように、世の中の誤った考えを取り去り、〈我《が》〉への執着《しゅうじゃく》を取り去るために、〈我《が》〉はないと説いたが、その誤った見方が取り去られたので、あらためて*仏性《ぶっしょう》があると説くのである。

〈我《が》〉は迷いに導くものであり、*仏性《ぶっしょう》はさとりに至らせるものである。

家に黄金《こがね》の箱を持ちながら、それを知らないために、貧しい生活をする人を哀《あわ》れんで、その黄金《こがね》の箱を掘り出して与えるように、仏《ほとけ》は人びとの*仏性《ぶっしょう》を開いて、彼らに見せる。

二、それなら、人びとは、みなこの*仏性《ぶっしょう》をそなえているのに、どうして貴賤《きせん》・貧富《ひんぷ》という差別があり、殺したり、欺《あざむ》かれたりするような厭《いと》わしいことが起こるのであろうか。

例えば、宮廷《きゅうてい》に仕える力士が、眉間《みけん》に小さな金剛《こんごう》の珠玉《しゅぎょく》を飾ったまま相撲をとって、その額《ひたい》を打ち、玉が皮膚《ひふ》の中に隠れてできものを生じた。力士は、玉をなくしたと思い、ただそのできものを治すために医師に頼む。医師は一目見て、そのできものが皮膚《ひふ》の中に隠れた玉のせいであると知り、それを取り出して力士に見せた。

人びとの*仏性《ぶっしょう》も*煩悩《ぼんのう》のちりの中に隠れ、見失われているが、善き師によってふたたび見いだされるものである。

このように、*仏性《ぶっしょう》はあっても貪《むさぼ》りと瞋《いか》りと愚かさのために覆《おお》われ、*業《ごう》と報《むく》いとに縛られて、それぞれ迷いの境遇を受けるのである。しかし、*仏性《ぶっしょう》は実際には失われても破壊されてもおらず、迷いを取り除けばふたたび見いだされるものである。

たとえの中の力士が、医師によって取り出されたその玉を見たように、人びとも、仏《ほとけ》の光によって*仏性《ぶっしょう》を見ることであろう。

三、赤・白・黒と、さまざまに毛色の違った牝牛《めうし》でも、乳をしぼると、みな同じ白い色の乳を得るように、いかに境遇が異なり、生活が異なっていても、人びとはみな同じ*仏性《ぶっしょう》をそなえている。

例えば、ヒマーラヤ山に貴い薬があるが、それは深い草むらの下にあって、人びとはこれを見つけることができない。昔、ひとりの賢人がいて、その薬の香りを尋ねてありかを知り、木筒《きづつ》を作って、その中に薬を集めた。しかし、その人の死後、木筒《きづつ》の中の薬は流れ出て変質し、その場所によって味を異にした。

*仏性《ぶっしょう》も、このたとえのように、深く*煩悩《ぼんのう》の草むらに覆《おお》われているから、人びとはこれを容易に見つけることができない。いまや仏《ほとけ》はその草むらを開いて、彼らに示した。*仏性《ぶっしょう》の味は一つであるが、*煩悩《ぼんのう》のためにさまざまな味となり、人びとはさまざまな生き方をする。

四、この*仏性《ぶっしょう》は金剛石《こんごうせき》のように硬いから、破壊することはできない。小石に穴をあけることはできても、金剛石《こんごうせき》に穴をあけることはできない。

身と心は壊れることがあっても、*仏性《ぶっしょう》を破壊することはできない。

*仏性《ぶっしょう》は、実にもっともすぐれた人間の特質である。仏《ほとけ》の教えにおいては、男女の区別をつけず、ただこの*仏性《ぶっしょう》を知ることを尊いとする。

黄金の粗金を溶かして、そのかすを取り去り、錬りあげると貴い黄金になる。心の粗金《がね》を溶かして*煩悩《ぼんのう》のかすを取り去ると、どんな人でも、みなすべて同一の*仏性《ぶっしょう》を開き現すことができる。

第四章　煩《ぼん》悩《のう》

第一節　心のけがれ

一、*仏性《ぶっしょう》は*煩悩《ぼんのう》に覆《おお》い包まれている。

この*煩悩《ぼんのう》の根本となるものを求めれば、*無明《むみょう》と渇愛《かつあい》である。

この*無明《むみょう》と渇愛《かつあい》とは、あらゆる*煩悩《ぼんのう》を生み出す自在の力を持っている。そしてこの二つこそ、すべての*煩悩《ぼんのう》の源なのである。

*無明《むみょう》とは無知のことで、ものの道理をわきまえないことである。渇愛《かつあい》とは激しい欲望で、生に対する執着《しゅうじゃく》が根本であり、見るもの聞くものすべてを欲しがる欲望ともなり、また転じて、死を願うような欲望ともなる。

この*無明《むみょう》と渇愛《かつあい》とをもとにして、これから貪《むさぼ》り、瞋《いか》り、愚かさ、邪見《じゃけん》、恨《うら》み、ねたみ、へつらい、たぶらかし、驕《おご》り、あなどり、ふまじめ、その他いろいろの*煩悩《ぼんのう》が生まれてくる。

二、貪《むさぼ》りが起こるのは、気に入ったものを見て、正しくない考えを持つためである。瞋《いか》りが起こるのは、気に入らないものを見て、正しくない考えを持つためである。愚かさはその無知のために、なさなければならないことと、なしてはならないこととを知らないことである。邪見《じゃけん》は正しくない教えを受けて、正しくない考えを持つことから起こる。

この貪《むさぼ》りと瞋《いか》りと愚かさは、世の三つの火といわれる。貪《むさぼ》りの火は欲にふけって、真実の心を見失った人を焼き、瞋《いか》りの火は、腹を立てて、生けるものの命を害《そこ》なう人を焼き、愚かさの火は、心迷って仏《ほとけ》の教えを知らない人を焼く。

まことに、この世は、さまざまな火に焼かれている。貪《むさぼ》りの火、瞋《いか》りの火、愚かさの火、生《しょう》・老《ろう》・病《びょう》・死《し》の火、悲しみ・嘆き・苦痛・憂《うれ》い・苛立《いらだ》ちの火、さまざまな火によって炎々《えんえん》と燃えあがっている。特に貪《むさぼ》りの火、瞋《いか》りの火、愚かさの火、これらの*煩悩《ぼんのう》の火はおのれを焼くばかりでなく、他をも苦しめ、人を身《しん》・口《く》・意《い》の三つの悪い行為に導くことになる。しかも、これらの火によってできた傷口のうみは触れたものを毒し、悪道に陥《おとしい》れる。

三、貪《むさぼ》りは満足を得たい気持ちから、瞋《いか》りは満足を得られない気持ちから、愚かさは正しくない考えから生まれる。貪《むさぼ》りは罪の汚れは少ないけれども、これを離れることは容易でなく、瞋《いか》りは罪の汚れが大きいけれども、これを離れることは早いものである。愚かさは罪の汚れも大きく、またこれを離れることも容易ではない。

したがって、気に入ったものの姿を見ても、気に入らないものの姿を見ても、正しくない考えを持たず慈《いつく》しみの心を養い、常に正しく考えて、愚かさを滅することにより、この三つの火を消さなければならない。もしも、正しく、清く、無私の心に満ちているならば、*煩悩《ぼんのう》によって惑わされることはない。

四、貪《むさぼ》り、瞋《いか》り、愚かさは熱のようなものである。どんな人でも、この熱の一つでも持てば、いかに美しい広びろとした部屋に身を横たえても、その熱にうなされて、寝苦しい思いをしなければならない。

この三つの*煩悩《ぼんのう》のない人は、寒い冬の夜、木の葉を敷物とした薄い寝床でも、快く眠ることができ、むし暑い夏の夜、閉じこめられた狭苦しい部屋でも、安らかに眠ることができる。

この三つは、この世の悲しみと苦しみのもとである。この悲しみと苦しみのもとを絶つものは、戒《いまし》めと心の統一と*智慧《ちえ》である。戒《いまし》めは貪《むさぼ》りの汚れを取り去り、正しい心の統一は瞋《いか》りの汚れを取り去り、*智慧《ちえ》は愚かさの汚れを取り去る。

五、人間の欲にははてしがない。それはちょうど塩水を飲む者が、いっこうに渇《かわ》きがとまらないのに似ている。いつまでたっても満足することがなく、渇《かわ》きはますます強くなるばかりである。

人はその欲を満足させようとするけれども、不満がつのって苛立《いらだ》つだけである。

人は欲を決して満足させることができない。そこには求めて得られない苦しみがあり、満足できないときには、気も狂うばかりとなる。

人は欲のために争い、欲のために戦う。王と王、臣と臣、親と子、兄と弟、姉と妹、友人同士、互いにこの欲のために狂わされて相争い、互いに殺しあう。

また人は、欲のために身をもちくずし、盗み、欺《あざむ》き、姦淫《かんいん》する。ときには捕らえられて、さまざまな刑を受け、苦しみ悩む。

また、欲のために、身《しん》・口《く》・意《い》の罪を重ね、この世で苦しみを受けるとともに、死んで後の世には、暗黒の世界に入って、さまざまな苦しみを受ける。

六、渇愛《かつあい》は*煩悩《ぼんのう》の王、さまざまな*煩悩《ぼんのう》がこれにつき従う。

渇愛《かつあい》は*煩悩《ぼんのう》が芽をふく湿地、さまざまな*煩悩《ぼんのう》を生じる。渇愛《かつあい》は善を食う悪鬼《あっき》、あらゆる善を滅ぼす。

渇愛《かつあい》は花に隠れ住む毒蛇《どくじゃ》、欲の花を貪《むさぼ》るものに毒の牙《きば》を立てて殺す。渇愛《かつあい》は木を枯らすつる草、人の心に巻きつき、人の心の中の善を吸い尽くす。渇愛《かつあい》は悪魔の投げた餌《え》、人はこれにつられて悪魔の道に沈む。

飢えた犬に血を塗《ぬ》った乾いた骨を与えると、犬はその骨にしゃぶりつき、ただ疲れと悩みとを得るだけである。渇愛《かつあい》が人の心を養わないのは、まったくこれと同じである。

一切れの肉を争って獣は互いに傷つく。たいまつを持って風に向かう愚かな人は、ついにおのれ自身を焼く。この獣のように、また、この愚かな人のように、人は欲のためにおのれの身を傷つけ、その身を焼く。

七、外から飛んでくる毒矢は防ぐすべがあっても、内からくる毒矢は防ぐすべがない。貪《むさぼ》りと瞋《いか》りと愚かさと高ぶりとは、四つの毒矢にもたとえられるさまざまな病を起こすものである。

意《こころ》に貪《むさぼ》りと瞋《いか》りと愚かさがあるときは、口ではうそをつき、意味のないことば・悪しきことば・仲違《なかたが》いさせることばを述べ、身では殺生《せっしょう》と盗みとよこしまな愛欲を犯すようになる。

意《こころ》の三つ、口の四つ、身の三つ、これらを十悪という。

知りながらも偽りを言うようになれば、どんな悪事をも犯すようになる。悪いことをするから、偽りを言わなければならないようになり、偽りを言うようになるから、平気で悪いことをするようになる。

人の貪《むさぼ》りも愛欲も恐れも瞋《いか》りも、愚かさからくるし、人の不幸も難儀も、また愚かさからくる。愚かさは実に人の世の病毒にほかならない。

八、人は*煩悩《ぼんのう》によって*業《ごう》を起こし、*業《ごう》によって苦しみを招く。*煩悩《ぼんのう》と*業《ごう》と苦しみの三つの車輪はめぐりめぐってはてしがない。

この車輪の回転には始めもなければ終わりもない。しかも人はこの*輪廻《りんね》から逃れるすべを知らない。永遠に回帰する*輪廻《りんね》に従って、人はこの現在の生から次の生へと永遠に生まれ変わってゆく。

限りない*輪廻《りんね》の間に、生死《しょうじ》をくり返したひとりの人の骨を積み重ねるならば、山よりも高くなり、また、その間に飲んだ母の乳を集めるならば、海の水よりも多くなるであろう。

だから、人には*仏性《ぶっしょう》があるとはいえ、*煩悩《ぼんのう》の泥《どろ》があまりにも深いため、その芽生えは容易でない。芽生えない*仏性《ぶっしょう》は、あってもあるとは言えないので、人びとの迷いは限りがない。

第二節　人の性質

一、人の性質は、ちょうど入り口のない藪《やぶ》のように、わかりにくい。これに比べると、獣の性質はかえってわかりやすい。このわかりにくい性質の人を区分して、次の四種類とする。

一つには、自ら苦しむ人で、間違った教えを受けて苦行する。

二つには、他人を苦しめる人で、殺したり盗んだり、そのほかさまざまなむごい仕業《しわざ》をする。

三つには、自ら苦しむとともに他人をも苦しめる人である。

四つには、自らも苦しまず、また他人をも苦しめない人で、欲を離れて安らかに生き、仏《ほとけ》の教えを守って、殺すことなく盗むことなく、清らかな行いをする人である。

二、またこの世には三種類の人がある。岩に刻んだ文字のような人と、砂に書いた文字のような人と、水に書いた文字のような人である。

岩に刻んだ文字のような人とは、しばしば腹を立てて、その怒りを長く持ち続け、怒りが、刻み込んだ文字のように消えることのない人をいう。

砂に書いた文字のような人とは、しばしば腹を立てるが、その怒りが、砂に書いた文字のように、速やかに消え去る人を指す。

水に書いた文字のような人とは、水の上に文字を書いても、流れて形にならないように、他人の悪口や不快なことばを聞いても、少しも心に跡を留《と》めることもない温和な人のことをいう。

また、ほかにも三種類の人がある。第一の人は、その性質がわかりやすく、心高ぶり、かるはずみであって、常に落ち着きのない人である。第二の人は、その性質がわかりにくく、静かにへりくだって、ものごとに注意深く、欲を忍ぶ人である。第三の人は、その性質がまったくわかりにくく、自分の*煩悩《ぼんのう》を滅ぼし尽くした人のことである。

このように、さまざまに人を区別することができるが、その実、人の性質は容易に知ることはできない。ただ、仏《ほとけ》だけがこれらの性質を知りぬいて、さまざまに教えを示す。

第三節　現実の人生

一、ここに人生にたとえた物語がある。ある人が、河の流れに舟を浮かべて下るとする。岸に立つ人が声をからして叫んだ。「楽しそうに流れを下ることをやめよ。下流には波が立ち、渦巻《うずま》きがあり、鰐《わに》と恐ろしい夜叉《やしゃ》との住む淵《ふち》がある。そのまま下れば死ぬことになるだろう」と。

このたとえで「河の流れ」とは、愛欲の生活をいい、「楽しそうに下る」とは、自分の身に執着《しゅうじゃく》することであり、「波立つ」とは、怒りと悩みの生活を表し、「渦巻《うずま》き」とは、欲の楽しみを示し、「鰐《わに》と恐ろしい夜叉《やしゃ》の住む淵《ふち》」とは、罪によって滅びる生活を指し、「岸に立つ人」とは、仏《ほとけ》をいうのである。

ここにもう一つのたとえがある。ひとりの男が罪を犯して逃げた。追手が迫ってきたので、彼は絶体絶命になって、ふと足もとを見ると、古井戸があり、藤蔓《ふじづる》が下がっている。彼はその藤蔓《ふじづる》を伝って、井戸の中へ降りようとすると、下で毒蛇《どくじゃ》が口を開けて待っているのが見える。しかたなくその藤蔓《ふじづる》を命の綱にして、宙《ちゅう》にぶら下がっている。やがて、手が抜けそうに痛んでくる。そのうえ白黒二匹の鼠《ねずみ》が現れて、その藤蔓《ふじづる》をかじり始める。

いずれ藤蔓《ふじづる》がかみ切られれば、下へ落ちて毒蛇《どくじゃ》の餌食《えじき》にならなければならない。そのような状況の中、ふと顔をあげて上を見ると、蜂《はち》の巣から蜂蜜《はちみつ》の甘いしずくが一滴二滴と口の中へしたたり落ちてくる。すると、男は自分の危うい立場を忘れて、その味にうっとりとするのである。

このたとえで、「ひとり」とは、ひとり生まれひとり死ぬ孤独の姿であり、「追手」や「毒蛇《どくじゃ》」は、欲のもとになるおのれの身体《からだ》のことであり、「古井戸の藤蔓《ふじづる》」とは、人の命のことであり、「白黒二匹の鼠《ねずみ》」とは、歳月を示し、「蜂蜜《はちみつ》のしずく」とは、眼前の欲を満たす楽しさのことである。

二、また、さらにもう一つのたとえを説こう。王が一つの箱に四匹の毒蛇《どくじゃ》を入れ、ひとりの男にその蛇《へび》を養うことを命じて、もし一匹の蛇《へび》でも怒らせれば、命を奪うと警告する。男は王の命令を恐れて、蛇《へび》の箱を捨てて逃げ出す。

これを知った王は、五人の臣下に命じて、その後を追わせる。彼らは親しみを装《よそお》って男に近づき、連れ帰ろうとする。男はこれを信じないで、ふたたび逃げて、とある村に入り、隠《かく》れ家《が》を探す。

そのとき、空に声あって、この村は住む人もなく、そのうえ今夜、六人の賊が来て村を襲うであろうと告げる。男は驚いて、ふたたびそこを逃げ出すが、行く手には荒波を立てて激しく流れる河がある。渡るには容易でないが、こちら岸の危険を思って筏《いかだ》を作り、かろうじて河を渡ることを得、はじめて安らぎを得た。

「四匹の毒蛇《どくじゃ》の箱」とは地水火風《ちすいかふう》の四大元素《しだいげんそ》から成るこの身のことである。この身は、欲のもとであって、心の敵である。だから、彼はこの身体《からだ》から逃げ出した。

「五人の臣下が偽って近づいた」とは、同じくこの身心を組み立てている肉体・感《かん》受《じゅ》・表象作用《ひょうしょうさよう》・意志・認識の五つの構成要素のことである。彼はこれにも欺《あざむ》かれず、逃げ出して隠《かく》れ家《が》を求めた。

「隠《かく》れ家《が》」とは、人間の持つ視覚・聴覚・嗅覚・味覚・触覚、そして意《こころ》の六つの感覚器官のことであり、「六人の賊」とは、この感覚器官に対する、色形・音声・香り・味・感触、そして観念《おもい》という六つの対象のことである。このように、すべての感覚器官に関わる危険を見て、彼はさらに逃げ出した。行く手にあった「激しく流れる河」とは、*煩悩《ぼんのう》の荒れ狂う生活のことである。

この深さのはかり知れない*煩悩《ぼんのう》の河に、仏《ほとけ》の教えの筏《いかだ》を浮かべて、安らかなさとりの世界である彼《か》の岸に達したのである。

三、世に母も子を救い得ず、子も母を救い得ない三つの場合がある。すなわち、火災や水害、盗賊の集団に襲われた時である。しかし、この三つの場合においても、時としては、母と子が互いに助けあう機会がある。

ところがここに、母は子を絶対に救い得ず、子も母を絶対に救い得ない三つの場合がある。それは、老いの恐れと、病の恐れと、死の恐れとの襲い来たった時のことである。

母の老いゆくのを、子はどのようにしてこれに代わることができるであろうか。子の病む姿のいじらしさに泣いても、母はどうして代わって病むことができるであろうか。子どもの死、母の死、いかに母子であっても、どうしても代わりあうことはできない。いかに深く愛しあっている母子でも、こういう場合には絶対に助けあうことはできないのである。

四、人間世界において悪事をなし、死んで地獄に堕《お》ちた罪人に、閻魔大王《えんまだいおう》が尋ねた。「おまえは人間の世界にいた時、三人の天の使いに会わなかったか」「大王よ、わたくしはそのような方には会いません」

「それでは、おまえは年老いて腰を曲げ、杖《つえ》にすがって、よぼよぼしている人を見なかったか」「大王よ、そういう老人ならば、いくらでも見ました」「おまえはその天の使いに会いながら、自分も老いゆく者であり、急いで善をなさなければならないと思わず、今《こん》日《にち》の報《むく》いを受けるようになった」

「おまえは病にかかり、ひとりで寝起きもできず、見るも哀れに、やつれはてた人を見なかったか」「大王よ、そういう病人ならいくらでも見ました」「おまえは病人というその天の使いに会いながら、自分も病まなければならない者であることを思わず、あまりにもおろそかであったから、この地獄へくることになったのだ」

「次に、おまえは、おまえの周囲で死んだ人を見なかったか」「大王よ、死人ならば、わたくしはいくらでも見てまいりました」「おまえは死を警《いまし》め告げる天の使いに会いながら、死を思わず善をなすことを怠《おこた》って、この報《むく》いを受けることになった。おまえ自身のしたことは、おまえ自身がその報《むく》いを受けなければならない」

五、裕福な家の若い妻であったキサーゴータミーは、そのひとり子の男の子が幼くして死んだので、気が動転し、冷たい骸《むくろ》を抱いて町に出て、子どもの病を治す者はいないかと尋ね回った。

この女性をどうすることもできず、町の人びとはただ哀れげに見送るだけであったが、釈尊《しゃくそん》の信者がこれを見かねて、その女性に祇園精舎《ぎおんしょうじゃ》の釈尊《しゃくそん》のもとに行くようにすすめた。彼女は早速、釈尊《しゃくそん》のもとへ子どもを抱いて行った。

釈尊《しゃくそん》は静かにその様子を見て、「この子の病を治すには、芥子《けし》の実がいる。町に出て四、五粒もらってくるがよい。しかし、その芥子《けし》の実は、まだ一度も死者の出たことがない家からもらってこなければならない」と言われた。

キサーゴータミーは、町に出て芥子《けし》の実を求めた。芥子《けし》の実は得やすかったけれども、死者の出たことがない家は、どこにも見つけることができなかった。ついに求める芥子《けし》の実を得ることができず、彼女は釈尊《しゃくそん》のもとにもどった。そして、釈尊《しゃくそん》の静かな姿に接し、初めて釈尊《しゃくそん》のことばの意味をさとり、夢から覚めたように気がつき、わが子の冷たい骸《むくろ》を墓所《ぼしょ》におき、釈尊《しゃくそん》のもとに帰ってきて弟子となった。

第四節　迷いのすがた

一、この世の人びとは、人情が薄く、親しみ愛することを知らない。しかも、つまらないことを争いあい、激しい悪と苦しみの中にあって、それぞれの仕事を勤めて、ようやく、その日を過ごしている。

立場の違いにかかわらず、富《とみ》の多少にかかわらず、すべてみな金銭のことに苦しむ。なければないで苦しみ、あればあるで苦しみ、ひたすら欲のために心を使って、安らかなときがない。

富める人は、田があれば田を憂《うれ》い、家があれば家を憂《うれ》い、すべて存在するものに執着《しゅうじゃく》して憂《うれ》いを重ねる。あるいは災いに遭《あ》い、困難に出遭い、奪われ、焼かれてなくなると、苦しみ悩んで命までも失うようになる。しかも死への道はひとりで歩み、だれもつき従う者はない。

貧しいものは、常に足らないことに苦しみ、家を欲しがり、田を欲しがり、この欲しい欲しいの思いに焼かれて、心身ともに疲れはててしまう。このために命を全《まっと》うすることができずに、道半ばで倒れることもある。

死出《しで》の山路は、ただひとりで、はるか遠くに行かなければならない。

二、また、この世には五つの悪がある。

一つには、あらゆる人から地を這《は》う虫に至るまで、すべてみな互いにいがみあい、強いものは弱いものを倒し、弱いものは強いものを欺《あざむ》き、互いに傷つけあい、いがみあっている。

二つには、親子、兄弟、姉妹、夫婦、親族など、すべて、それぞれおのれの道がなく、守るところもない。ただ、おのれを中心にして欲をほしいままにし、互いに欺《あざむ》きあい、心と口とが別々になっていて誠がない。

三つには、よこしまな思いを抱《いだ》き、みだらな思いに心をこがし、不貞をはたらき、そのために、徒党を組んで争い戦い、常に非道を重ねている。

四つには、互いに善い行いをすることを考えず、ともに教えあって悪い行いをし、うそをつき、意味のないことば・悪しきことば・仲違《なかたが》いさせることばを述べ、互いに傷つけあっている。ともに尊敬しあうことを知らないで、自分だけが尊く偉いものであるかのように考え、他人を傷つけて省みるところがない。

五つには、すべてのものは怠《おこた》りなまけて、善い行いをすることさえ知らず、恩も知らず、義務も知らず、ただ欲のままに動いて、他人に迷惑をかけ、ついには恐ろしい罪を犯すようになる。

三、人は互いに敬愛し、施しあわなければならないのに、わずかな利害のために、互いに憎み、言い争う。言い争う気持ちがほんのわずかでもあると、時の経過に従ってますます激しくなり、大きな恨《うら》みになる。

言い争いによって、互いに害《そこ》ないあっても、この世ですぐに破滅に至ることはない。しかし毒を含み、怒りが積み重なり、憤《いきどお》りを心にしっかり刻みつけてしまうと、生まれ変わっても、互いに傷つけあうようになる。

人はこの愛欲の世界に、ひとり生まれ、ひとり死ぬ。未来の報《むく》いは代わって受けてくれるものがなく、おのれひとりでそれに当たらなければならない。

善と悪とはそれぞれその報《むく》いを異にし、善は幸いを、悪は災いをもたらし、動かすことのできない道理によって定まっている。人はそれぞれが、おのれの行為に対する責任を担い、報《むく》いの定まっているところへ、ひとり赴《おもむ》かなければならない。

四、恩愛《おんあい》のきずなにつながれては憂《うれ》いに閉ざされ、長い月日を経《へ》ても、痛ましい思いを解くことができない。それとともに、激しい貪《むさぼ》りにおぼれては、悪意に包まれ、でたらめに事を起こし、他人と争い、真実の道に親しむことができず、寿命も尽きないうちに、死に追いやられ、未来永劫《みらいえいごう》苦しまなければならない。

このような人の仕業《しわざ》は、自然の道に逆らい、世間の道理にそむいているので、必ず災いを招くようになり、この世でも、後の世でも、ともに苦しみを重ねなければならない。

まことに、世俗の事はあわただしく過ぎ去ってゆき、頼りとすべきものは何一つなく、力になるものも何一つない。この中にあって、こぞってみな快楽のとりことなっていることは、嘆かわしい限りといわなければならない。

五、このような有様が、まことにこの世の姿であり、人びとは苦しみの中にあってただ悪だけを行い、善を行うことを少しも知らない。だから自然の道理によって、さらに苦しみの報《むく》いを受けることを避けられない。

ただおのれにのみ配慮し、他人に恵むことを知らない。そのうえ、欲に迫られてあらゆる*煩悩《ぼんのう》を働かせ、そのために苦しみ、またその結果によって苦しむ。栄華の時勢《じせい》は永続せず、たちまちに過ぎ去る。この世の快楽も何一つ永続するものはない。

六、だから、人は世俗の事を捨て、健《すこ》やかなときに道を求めなければならない。道を求めることの他にどんなよりどころ、どんな楽しみがあるというのか。

ところが、人びとは善い行いをすれば善を得、道にかなった行いをすれば道を得るということを信じない。また、施せば幸いを得るということを信じない。善悪にかかわるすべてのことを信じない。

ただ、誤った考えだけを持ち、道も知らず、善も知らず、心が暗くて、吉凶禍福《きっきょうかふく》が次々に起こってくる道理を知らない。

すべてがうつり変わるという教えを聞くことがなく、心に深く思うことがなく、ただ眼前の快楽におぼれて、財貨や色欲を貪《むさぼ》って飽きることを知らない。
七、人びとが、遠い昔から迷いの世界を経《へ》めぐり、憂《うれ》いと苦しみに沈んでいたことは、ことばでは言い尽くすことができない。しかも、今日《こんにち》に至っても、なお迷いは絶えることがない。ところが、いま仏《ほとけ》の教えに遇い、仏《ほとけ》の名を聞いて信じることができたのは、まことにうれしいことである。
だから、よく思いを重ね、悪を遠ざけ、善を選び、教えのとおり努め行わなければならない。

いま、幸いにも仏《ほとけ》の教えに遇うことができたのであるから、どんな人も仏《ほとけ》の教えを信じて、*仏《ほとけ》の国に生まれることを願わなければならない。仏《ほとけ》の教えを知った以上は、人は他人に従って*煩悩《ぼんのう》や罪悪のとりこになってはならない。また、仏《ほとけ》の教えをおのれだけのものとすることなく、それを実践し、それを他人に教えなければならない。

第五章　仏《ほとけ》の救い

第一節　仏《ほとけ》の願い

一、人の*煩悩《ぼんのう》は断ちにくいものであり、人は始めもわからない昔から、山のような罪業《ざいごう》をになって、迷いに迷いを重ねてきている。

この人間の有様を見通された仏《ほとけ》は、はるかな昔に、ひとりの*菩薩《ぼさつ》となり、人びとをあわれみ、あらゆる恐れを抱《いだ》くもののために*大慈悲者《だいじひしゃ》となろうとして、次のような数多くの願いを起こした。たとえ、この身はどんな苦しみの毒の中にあっても、必ず努め励《はげ》んで成し遂げようと誓った。

(a)　たとえ、わたしが仏《ほとけ》と成るとしても、わたしの国に生まれる人びとが、確かに仏《ほとけ》と成るべき身の上となり、必ずさとりに至らないならば、わたしは誓ってさとりを開かないであろう。

(b)　たとえ、わたしが仏《ほとけ》と成るとしても、わたしの光明に限りがあって、世界のはしばしまで照らすことがないならば、わたしは誓ってさとりを開かないであろう。

(c)　たとえ、わたしが仏《ほとけ》と成るとしても、わたしの寿命に限りがあって、どんな数であっても数えられる程の数であるならば、わたしは誓ってさとりを開かないであろう。

(d)　たとえ、わたしが仏《ほとけ》と成るとしても、十方《じっぽう》の世界のあらゆる仏《ほとけ》が、ことごとく称《しょう》讃《さん》して、わたしの名前を称《とな》えないようなら、わたしは誓ってさとりを開かないであろう。

(e)　たとえ、わたしが仏《ほとけ》と成るとしても、十方《じっぽう》のあらゆる人びとが真実の心をもって深い信心を起こし、わたしの国にその人びとが生まれようと思って、十回わたしを念じても、生まれないようなら、わたしは誓ってさとりを開かないであろう。

(f)　たとえ、わたしが仏《ほとけ》と成るとしても、十方《じっぽう》のあらゆる人びとが、道を求める心を起こし、多くの*功徳《くどく》を積み、真実の心をもって願いを起こし、わたしの国へ生まれようと思っているのに、もしもその人の寿命が尽きるとき、偉大な*菩薩《ぼさつ》たちにとりまかれて、その人の前に現れないようなら、わたしは誓ってさとりを開かないであろう。

(g)　たとえ、わたしが仏《ほとけ》と成るとしても、十方《じっぽう》のあらゆる人びとが、わたしの名前を聞いて、わたしの国に思いをかけ、多くの*功徳《くどく》のもとを植え、心をこめて、その*功徳《くどく》でもって、わたしの国に生まれようと思っているのに、思いどおりに生まれることができないようなら、わたしは誓ってさとりを開かないであろう。

(h)　たとえ、わたしが仏《ほとけ》と成るとしても、わたしの国に来て生まれる者が、次の生には仏《ほとけ》と成るべき者にならないようなら、わたしは誓ってさとりを開かないであろう。ただし、自らの願いに従って、人びとのために大いなる誓いの鎧《よろい》を身につけ、一切の世間の利益《りやく》と平安のために努力し、数多くの人びとを導いてさとりに入らせ、大悲《だいひ》の*功徳《くどく》を修める者は、その限りではない。

(i)　たとえ、わたしが仏《ほとけ》と成るとしても、十方《じっぽう》の世界のあらゆる人びとが、わたしの光明に触れて、身も心も和らぎ、この世のものよりもすぐれたものにならないようなら、わたしは誓ってさとりを開かないであろう。

(j)　たとえ、わたしが仏《ほとけ》と成るとしても、十方《じっぽう》の世界のあらゆる人びとが、わたしの名前を聞いて、*諸法が生じることも滅することもないという認識と、教えを決して忘れない記憶力とを得られないようなら、わたしは誓ってさとりを開かないであろう。

わたしは、いま、このような誓いを立てる。もしもこれらの願いを満たすことができないようなら、誓ってさとりを開かないであろう。限りのない光明の主《あるじ》となり、あらゆる国々を照らして世の中の苦しみを取り除き、人びとのために、教えの蔵を開いて、広く*功徳《くどく》の宝を施すであろう。

二、*菩薩《ぼさつ》はこのように願いを立てて、はかり知れない長い間*功徳《くどく》を積み、清らかな国を作り、すでにはるかな昔に仏《ほとけ》と成り、現にその極楽《ごくらく》世界にいて、教えを説いている。

その国は清く安らかで、悩みを離れ、さとりの楽しみが満ちあふれ、衣服も食物もそしてあらゆる美しいものも、みなその国の人びとの心の思うままに現れる。快い風がおもむろに吹き起こって、宝の木々をわたると、教えの声が四方に流れて、聞くものの心の垢《あか》を取り去っている。

また、その国にはさまざまな色の蓮《はす》の花が咲きにおい、花ごとにはかり知れない数の花びらがあり、花びらごとにその色の光が輝き、光の先に現れた仏《ほとけ》たちはそれぞれ仏《ほとけ》の*智慧《ちえ》の教えを説いて、聞く人びとを仏《ほとけ》の道に安《やす》らわせている。

三、いま十方《じっぽう》のあらゆる仏《ほとけ》たちから、この仏《ほとけ》のすぐれた徳がたたえられている。

どんな人でも、この仏《ほとけ》の名前を聞いて、信じ喜ぶ一念で、その*仏《ほとけ》の国に生まれることができるのである。

その*仏《ほとけ》の国に至る人びとは、自ら他の人びとを救いたいという願いを起こし、その願いの仕事にいそしむことになる。

これらの願いを立てることによって、執着《しゅうじゃく》を離れ、*無常《むじょう》をさとる。おのれのためになると同時に他人をも利する行為を実践し、人びととともに*慈悲《じひ》に生き、この世俗の生活の足かせや執着《しゅうじゃく》にとらわれない。

人びとはこの世の苦難を知りつつ、同時にまた、仏《ほとけ》の*慈悲《じひ》の限りない力も知っている。その人びとの心には、執着《しゅうじゃく》がなく、おのれとか、他人とかの区別もなく、行くも帰るも、進むも止まるも、こだわるところがなく、まさに心のあるがままに自由である。しかも、このような人びとは仏《ほとけ》が*慈悲《じひ》をかけた人びとともにとどまることを選ぶのである。

だから、もしもひとりの人がいて、この仏《ほとけ》の名前を聞いて、喜び勇み、ただ一度でもその名を念じるならば、その人は大いなる利益《りやく》を得るであろう。たとえこの世界に炎が満ちていたとしても、それを通り越して、この教えを聞いて信じ喜び、教えのとおりに行わなければならない。

もしも、人びとが真剣にさとりを得ようと望むなら、どうしても、この仏《ほとけ》の力によらなければならない。仏《ほとけ》の力がなくてさとりを得ることは、普通の人間のできるところではない。

四、いま、この仏《ほとけ》は、ここよりはるか遠くのところにいるのではない。その*仏《ほとけ》の国ははるか遠くにあるけれども、仏《ほとけ》を思い念じている者の心の中にもある。

まず、この仏《ほとけ》の姿を心に思い浮かべて見ると、金色《こんじき》に輝き、八万四千《はちまんしせん》の姿や特徴がある。一つ一つの姿や特徴には八万四千《はちまんしせん》の光があり、一つ一つの光は、一つ残らず、念仏《ねんぶつ》する人を見すえて、包容して捨てることがない。

この仏《ほとけ》の姿を見ることによって、また仏《ほとけ》の心を見ることになる。仏《ほとけ》の心とは大いなる*慈悲《じひ》そのものであり、その分け隔てのない*慈悲《じひ》によって、生きとし生けるものを救いとるのである。

信あるものに、仏《ほとけ》は仏《ほとけ》と一つになる機会を与える。この仏《ほとけ》はあらゆるところに満ちみちているから、人びとがこの仏《ほとけ》を思い念じると、あらゆる人びとの心の中に入る。

だからこそ、心に仏《ほとけ》を思うとき、その心は、実に円満な姿や特徴をそなえた仏《ほとけ》であり、この心は仏《ほとけ》そのものとなり、この心がそのまま仏《ほとけ》となる。

清く正しい信心をもつものは、心が仏《ほとけ》の心そのままであると思い描くべきである。

五、この仏《ほとけ》の心は、大いなる*慈悲《じひ》と*智慧《ちえ》そのものであるから、どんな人をも救う。

愚かさのために恐ろしい罪を犯し、心の中では貪《むさぼ》り、瞋《いか》り、愚かな思いを抱《いだ》き、口ではうそをつき、悪しきことばを言い、仲違《なかたが》いさせることばを使い、意味のないことばを述べ、身では殺生《せっしょう》し、盗み、よこしまな愛欲を犯すという十悪《じゅうあく》をなす者は、その悪い行いのために、長きにわたって未来の苦しみを受けることとなる。

しかし、その人の命の終わるとき、善き友が来て親切に、「あなたはいま苦しみが迫っていて、仏《ほとけ》を思うこともできないであろう。ただこの仏《ほとけ》の名を称《とな》えるがよい」と教える。

その人が心を一つにして仏《ほとけ》の名を称《とな》えると、ひと声ひと声のうちに、はかり知れない迷いの世界を巡る罪が除かれ、救われる。

もし人が、この仏《ほとけ》の名を聞くならば、永遠に尽きることのない迷いの世界を巡る罪が除かれる。ましてや一心に思うに至っては、なおさらのことである。

まことに念仏《ねんぶつ》する人は、白蓮華《びゃくれんげ》のようなすばらしい人である。*慈悲《じひ》と*智慧《ちえ》とを体現するふたりの*菩薩《ぼさつ》がその友となり、また、常に道を離れることなく、ついに*仏《ほとけ》の国に生まれることになるであろう。

だから、人びとはこのことばを保たなければならない。このことばを保つということは、この仏の名を保つことである。

第二節　清らかな国土

一、この仏《ほとけ》はいま*仏《ほとけ》の国にいて、*法を説いている。その国の人びとはみな苦しみを知らず、ただ楽しみのみの日々を送るので、極楽《ごくらく》というのである。

その国には七つの宝でできた池があり、中には清らかな水をたたえ、池の底には黄金《こがね》の砂が敷かれ、車の輪のように大きい蓮華《れんげ》が咲いている。その蓮華《れんげ》は、青い花には青い光が、黄色の花には黄色の光が、赤い花には赤い光が、白い花には白い光があり、清らかな香りをあたりに漂《ただよ》わせている。その池の周囲には、金・銀・青玉《せいぎょく》・水晶《すいしょう》の四つの宝で作った階段や楼閣《ろうかく》がある。

また、その国土は装飾を施した欄楯《らんじゅん》や宝玉《ほうぎょく》で飾られた幕で取り囲まれている。その間にはよい香りのする木々や花々がいっぱいに咲いた茂みがある。

空には神々しい音楽が鳴り、大地には黄金《こがね》の色が照り映えて、昼夜六度も天の花が降り、その国の人びとはそれを集め花皿に盛って、ほかのすべての*仏《ほとけ》の国へ持ってゆき、無数の仏《ほとけ》に*供養《くよう》する。

二、また、この国の園には、白鳥、孔雀《くじゃく》、オウム、九官鳥、迦陵頻伽《かりょうびんが》など数多くの鳥が、常に優雅な声を出し、あらゆる徳と善とをたたえ、教えを宣布《せんぷ》している。

人びとはこの声を聞いて、みな仏《ほとけ》を念じ、教えを思い、人の和合を念じる。だれでもこの声の音楽を聞くものは、仏《ほとけ》の声を聞く思いがし、仏《ほとけ》への信心を新たにし、教えを聞く喜びを新たにして、あらゆる国の仏《ほとけ》の教えを受ける者との友情を新たにする。

そよ風が吹き、宝の木々の並木をよぎり、輝く鈴をつけた網に触れると、美しい音を出し、一時に百千の音楽がかなでられる。

この音を聞く者は、また自然に仏《ほとけ》を念じ、教えを思い、人の和合を念じるようになる。その*仏《ほとけ》の国は、このような*功徳《くどく》と美しい飾りとをそなえている。

三、この国の仏《ほとけ》の光は量《はか》ることができず、十方《じっぽう》の国々を照らして少しもさえぎられない。またその寿命も限りがない。

そして、その国に生まれる人びとも、みな、不退転《ふたいてん》の境地に至り、その数はかぞえ尽くすことができない。

ただ、この仏《ほとけ》の名を心に保ち、一日または七日にわたって、心を一つにして動揺することがないならば、その人の命が終わるとき、この仏《ほとけ》は、多くの聖《ひじり》たちとともに、その人の前に現れる。その人の心はうろたえることなく、ただちにその国に生まれることができる。

もし人が、この仏《ほとけ》の名を聞き、この教えを信じるならば、仏《ほとけ》たちに守られ、この上ない正しいさとりに対して退転《たいてん》しない者になるであろう。

第　三　部

THE WAY OF PRACTICE
は　げ　み

第一章　さとりへの道

第一節　心を清める

一、人には、迷いと苦しみのもとである*煩悩《ぼんのう》がある。この*煩悩《ぼんのう》の束縛から逃れるには五つの方法がある。

第一には、ものの見方を正しくして、その原因と結果とをよくわきまえる。すべての苦しみのもとは、心の中の*煩悩《ぼんのう》であるから、その*煩悩《ぼんのう》がなくなれば、苦しみのない境地が現れることを正しく知るのである。

見方を誤るから、〈我《が》〉という考えや、因果の道理を無視する考えが起こり、この間違った考えにとらわれて*煩悩《ぼんのう》を起こし、迷い苦しむようになる。

第二には、欲を抑え鎮《しず》めることによって*煩悩《ぼんのう》を鎮《しず》める。正しい考えによって、眼・耳・鼻・舌・身・意《こころ》の六つに起こる欲を抑え鎮《しず》めて、*煩悩《ぼんのう》の起こる根元を断ち切る。

第三には、物を用いるに当たって、考えを正しくする。衣服や食物を用いるのは享楽《きょうらく》のためとは考えない。衣服は暑さや寒さを防ぎ、羞恥《しゅうち》を包むためであり、食物は道を修めるもととなる身体《からだ》を養うためにあると考える。この正しい考えによって、*煩悩《ぼんのう》は起こらなくなる。

第四には、何ごとも耐え忍ぶことである。暑さ・寒さ・飢え・渇《かわ》きを耐え忍び、ののしりや誹《そし》りを受けても耐え忍ぶことによって、自分の身を焼き滅ぼす*煩悩《ぼんのう》の火は燃え立たなくなる。

第五には、危険から遠ざかることである。賢い人が、荒馬《あらうま》や狂犬《きょうけん》の危険に近づかないように、行ってはならない所、交わってはならない友は遠ざける。このようにすれば、*煩悩《ぼんのう》の火は消え去るのである。

二、世には五つの欲がある。眼で見るもの、耳で聞く音、鼻でかぐ香り、舌で味わう味、身に触れて感じるもの、この五つを心地よく好ましく感じることである。

多くの人は、その好ましさに心ひかれて、これにおぼれ、結果として起こる災いを見ない。これはちょうど、森の鹿《しか》が猟師《りょうし》の罠《わな》にかかって捕らえられるように、悪魔のしかけた罠《わな》にかかったのである。まことにこの五欲は罠《わな》であり、人びとはこれにかかって*煩悩《ぼんのう》を起こし、苦しみを生む。だから、この五欲の災いを見て、その罠《わな》から免れる道を知らなければならない。

三、その方法は一つではない。例えば、蛇《へび》と鰐《わに》と鳥と犬と狐《きつね》と猿、その習性の異なる六種の生きものを捕らえて強い縄《なわ》で縛り、その縄《なわ》を結び合わせて放つとする。

このとき、この六種の生きものは、それぞれの習性に従って、おのおのその住みかに帰ろうとする。蛇《へび》は塚に、鰐《わに》は水に、鳥は空に、犬は村に、狐《きつね》は野に、猿は森に。このためにお互いに争い、力のまさったものの方へ、引きずられていく。

ちょうどこのたとえのように、人びとは眼で見るもの、耳で聞く音、鼻でかぐ香り、舌で味わう味、身に触れて感じるもの、および、意《こころ》に思ったものによって引きずられ、その中の誘惑のもっとも強いものの方に引きずられてその支配を受ける。

だがもし、この六種の生きものを、それぞれ縄《なわ》で縛り、それを丈夫な大きな柱に縛りつけておくとする。はじめの間は、生きものたちはそれぞれの住みかに帰ろうとするが、ついには力尽き、その柱のかたわらに疲れて横たわる。

これと同じように、もし、人がその心を修め、その心を鍛練《たんれん》しておけば、五欲に引かれることはない。もし心が制御《せいぎょ》されているならば、人びとは、現在においても未来においても幸福を得るであろう。

四、人びとは欲の火の燃えるままに、華《はな》やかな名声を求める。それはちょうど香《こう》が薫《かお》りつつ自らを焼いて消えてゆくようなものである。いたずらに名声を求め、名誉を貪《むさぼ》って、道を求めることを知らないならば、身は危《あやう》く、心は悔いにさいなまれるであろう。

名誉と財と色香《いろか》とを貪《むさぼ》り求めることは、ちょうど、子どもが刃《やいば》に塗《ぬ》られた蜜《みつ》をなめるようなものである。甘さを味わっているうちに、舌を切る危険をおかすこととなる。愛欲を貪《むさぼ》り求めて満足を知らない者は、たいまつを掲げて風に逆らいゆくようなものである。手を焼き、身を焼くのは当然である。

貪《むさぼ》りと瞋《いか》りと愚かさという三つの毒に満ちている自分自身の心を信じてはならない。

自分の心の欲するままにさせてはならない。心を抑え欲に走らないように努めなければならない。

五、さとりを得ようと思うものは、欲の火を避けなければならない。干し草を背に負う者が野火を見て避けるように、さとりの道を求める者は、必ずこの欲の火から遠ざからなければならない。

道を求めて進んでゆくことは苦しい。しかし、道を求める心のないことは、さらに苦しい。この世に生まれ、老い、病んで、死ぬ。その苦しみには限りがない。

道を求めてゆくことは、牛が重荷を負って深い泥《どろ》の中を行くときに、疲れてもわき目もふらずに進み、泥《どろ》を離れてはじめて一息つくのと同じでなければならない。欲の泥《どろ》はさらに深いが、心を正しくして道を求めてゆけば、欲を離れて苦しみを免れるであろう。

六、道を求めてゆく人は、心の高ぶりを取り去って、教えの光を身に加えなければならない。どんな金銀・財宝の飾りも、徳の飾りには及ばない。

身を健やかにし、一家を栄えさせ、人びとを安らかにするには、まず、心をととのえなければならない。心をととのえて道を楽しむ思いがあれば、徳はおのずからその身にそなわる。

宝石は地から生まれ、徳は善から現れ、*智慧《ちえ》は静かな清い心から生まれる。人生という迷いの荒野を進むには、この*智慧《ちえ》の光によって、進むべき道を照らし、徳の飾りによって身をいましめて進まなければならない。

貪《むさぼ》りと瞋《いか》りと愚かさという三つの毒を捨てよ、と説く*仏《ほとけ》の教えは、よい教えであり、その教えに従う人は、よい生活と幸福を得る人である。

七、人の心は、ともすればその思い求める方へと傾く。貪《むさぼ》りを思えば貪《むさぼ》りの心が起こる。瞋《いか》りを思えば瞋《いか》りの心が強くなる。愚かなことを思えば愚かな心が多くなる。

牛を飼う人は、秋の収穫時になると、放してある牛を集めて牛小屋に閉じこめる。これは牛が穀物を荒らして自分が抗議を受けたり、または殺されたりすることを防ぐためである。

人もそのように、よくないことから起こる災いを見て、心を閉じこめ、悪い思いを破り捨てなければならない。貪《むさぼ》りと瞋《いか》りと害する心を遠ざけて、貪《むさぼ》らず、瞋《いか》らず、害さない心を育てなければならない。

牛を飼う人は、春になって野原の草が芽をふき始めると牛を放す。しかし、その牛の群れの行方《ゆくえ》を見守り、その居所に注意を怠《おこた》らない。

人もまた、これと同じように、自分の心がどのように動いているか、その行方《ゆくえ》を見守り、行方《ゆくえ》を見失わないようにしなければならない。

八、釈尊《しゃくそん》がコーサンビーの町に滞在していたとき、釈尊《しゃくそん》に怨《うら》みを抱《いだ》く者が町の悪者を買収し、釈尊《しゃくそん》の悪口を言わせた。釈尊《しゃくそん》の弟子たちは、町に入って托鉢《たくはつ》しても何も得られず、ただそしりの声を聞くだけであった。

そのときアーナンダ（阿難《あなん》）は釈尊《しゃくそん》にこう言った。「世尊《せそん》よ、このような町に滞在することはありません。他にもっとよい町があると思います」「アーナンダよ、次の町もこのようであったらどうするのか」

「世尊《せそん》よ、また他の町へ移ります」

「アーナンダよ、それではどこまで行ってもきりがない。わたしはそしりを受けたときには、じっとそれに耐え、そしりの終わるのを待って、他へ移るのがよいと思う。アーナンダよ、仏《ほとけ》は、利益《りやく》と害、中傷とほまれ、称賛と非難、苦しみと楽しみという、この世の八つのことによって動かされることがない。こういったことは、間もなく過ぎ去るであろう」

第二節　善い行い

一、道を求めるものは、常に身と口と意《こころ》の三つの行いを清めることを心がけなければならない。身の行いを清めるとは、生きるものを殺さず、盗みをせず、よこしまな愛欲を起こさないことである。口の行いを清めるとは、うそをつかず、悪しきことばを使わず、仲違《なかたが》いさせることばを使わず、意味のないことばを述べないことである。意《こころ》の行いを清めるとは、貪《むさぼ》らず、瞋《いか》らず、よこしまな見方をしないことである。

心が濁《にご》れば行いが汚れ、行いが汚れると、苦しみを避けることができない。だから、心を清め、行いを慎《つつし》むことが道のかなめである。

二、昔、ある金持ちの主人がいた。親切で、物腰《ものごし》もやわらかく、謙虚《けんきょ》であったため、まことに評判のよい人であった。その家にひとりの使用人がいて、これも利口でよく働く人であった。

あるとき、その使用人がこう考えた。

「うちの主人は、まことに評判のよい人であるが、腹からそういう人なのか、または、よい環境がそうさせているのか、一つ試《ため》してみよう」

そこで、使用人は、次の日、なかなか起きず、昼ごろにようやく顔を見せた。主人は機嫌を悪くして、「なぜこんなに遅いのか」ととがめた。

「一日や二日遅くても、そう怒るものではありません」とことばを返すと、主人は怒った。

使用人はさらに次の日も遅く起きた。主人は怒り、棒で打った。このことが知れわたり、主人はそれまでのよい評判を失った。

三、だれでもこの主人と同じである。環境がすべて心にかなうと、親切で謙虚《けんきょ》で、静かであることができる。しかし、環境が心に逆らってきても、なお、そのようにしていられるかどうかが問題なのである。

自分にとって面白くないことばが耳に入ってくるとき、相手が明らかに自分に敵意を見せて迫ってくるとき、衣食住が容易に得られないとき、このようなときにも、なお静かな心と善い行いとを持ち続けることができるであろうか。

だから、環境がすべて心にかなう時だけ、静かな心を持ち善い行いをしても、それはまことの善い人とはいえない。仏《ほとけ》の教えを喜び、教えによって身も心も練り上げた人こそ、静かにして、謙虚《けんきょ》な人といえるのである。

四、すべてのことばには、時にかなったことばとかなわないことば、事実にかなったことばとかなわないことば、柔らかなことばと粗《あら》いことば、有益なことばと有害なことば、慈《いつく》しみのあることばと憎しみのあることば、この五対《つい》がある。

この五対《つい》のいずれによって話しかけられても、

「わたしの心は変わらない。粗《あら》いことばはわたしの口から漏れない。慈《いつく》しみと悲《あわれ》みによって心を満たし、怒りや憎しみの心を起こさないように」と努めなければならない。

例えばここに人がおり、鋤《すき》と鍬《くわ》を持って、この大地の土をなくそうと、土を掘ってはまき散らし、「土よ、なくなれ」と言ったとしても、土をなくすことなどできはしない。同じように、すべてのことばをなくしてしまうことなど、のぞみ得ない。

だから、心を鍛えて慈《いつく》しみの心を持ち、どんなことばで語られても、心が変わらないようにしておかなければならない。

また、絵の具によって、空に絵を描こうとしても、物の姿を表すことはできないように、また、枯草のたいまつによって、大きな河の水を乾かそうとしてもできないように、また、よくなめした柔らかな皮を摩擦して、ざらざらした音を立てようとしてもできないように、どんなことばで話しかけられても、決して心の変わらないように、心を養わなければならない。

人は、心を大地のように広く、大空のように限りなく、大河のように深く、なめした皮のように柔らかに養わなければならない。

たとえ、敵《かたき》に捕らえられて、苦しめられるようなことがあっても、そのために心を暗くするのは、真に仏《ほとけ》の教えを守った者とはいえない。どんな場合に当たっても、「わたしの心は動かない。憎しみ怒ることばは、わたしの口を漏れない。慈《いつく》しみと悲《あわれ》みの心をもって、その人を包むように」と学ばなければならない。

五、ある人が、「夜は煙《けむ》って、昼は燃える蟻塚《ありづか》」を見つけた。ある賢者《けんじゃ》にそのことを語ると、「では、剣をとって深く掘り進め」と命ぜられ、言われるままに、その蟻塚《ありづか》を掘ってみた。

はじめにかんぬきが出、次は蛙《かえる》、次には分かれ道、それから箱、亀《かめ》、刀、一片の肉が次々と出、最後に龍《りゅう》が出た。

賢者《けんじゃ》にそのことを語ると、「それらのものをみな捨てよ。ただ龍《りゅう》のみをそのままにしておけ。龍《りゅう》を妨げるな」と教えられた。

これはたとえである。ここに「蟻塚《ありづか》」というのはこの体のことである。「夜は煙《けむ》って」というのは、昼間したことを夜になっていろいろ考え、喜んだり、悔やんだりすることをいう。「昼は燃える」というのは、夜考えたことを、昼になってから体や口で実行することをいう。

「ある人」というのは道を求める人のこと、「賢者《けんじゃ》」とは仏《ほとけ》のことである。「剣」とは清らかな*智慧《ちえ》のこと、「深く掘り進む」とは努力のことである。

「かんぬき」とは*無明《むみょう》のこと、「蛙《かえる》」とは怒りと悩み、「分かれ道」とはためらいと不安、「箱」とは貪《むさぼ》り・瞋《いか》り・怠《おこた》り・浮つき・悔い・惑《まど》いのこと、「亀《かめ》」とは身と心のこと、「刀」とは五欲の対象のこと、「一片の肉」とは楽しみを貪《むさぼ》り求める欲のことである。これらは、いずれもこの身の毒となるものであるから、「みな捨てよ」というのである。

最後の「龍《りゅう》」とは、*煩悩《ぼんのう》の尽きた心のことである。わが身の足下を掘り進んでゆけば、ついにはこの龍《りゅう》を見ることになる。

掘り進んでこの龍《りゅう》を見いだすことを、「龍《りゅう》のみをそのままにしておけ。龍《りゅう》を妨げるな」というのである。

六、釈尊《しゃくそん》の弟子ピンドーラ（賓頭盧《びんずる》）は、さとりを得た後、故郷の恩に報《むく》いるために、ヴァツサ国に帰り、努力して仏《ほとけ》になる種をまく田地《でんち》を用意しようとした。

ヴァツサ国のコーサンビーの郊外に、小さな園があり、椰子《やし》の並木は果てもなく続き、ガンジスの洋々たる河波《かわなみ》は、涼しい風を絶え間なく送っていた。

夏のある日、昼の暑い日盛りを避けて、ピンドーラは、並木の木陰の涼しいところで坐禅《ざぜん》をしていた。ちょうどこの日、城主のウダヤナ王も、妃《きさき》たちを連れて園に入り、管弦《かんげん》の遊びに疲れて、涼しい木陰にしばしの眠りについた。

妃《きさき》たちは、王の眠っている間、あちらこちらとさまよい歩き、ふと、木陰に端坐《たんざ》するピンドーラを見た。彼女らはその姿に心うたれ、道を求める心を起こし、彼に説法するよう求めた。そして、彼の教えに耳を傾けた。

目を覚ました王は、妃《きさき》たちのいないのに不審を抱《いだ》き、後を追って、木陰で妃《きさき》たちにとりまかれているひとりの*出家者《しゅっけしゃ》を見た。淫楽《いんらく》に荒《すさ》んだ王は、前後の見境もなく、心の中にむらむらと嫉妬《しっと》の炎を燃やし、

「わが妃《きさき》たちを近づけて雑談にふけるとはふらちな奴《やつ》だ」

と悪口を浴びせた。ピンドーラは目を閉じ、黙然《もくぜん》として、一語も発しない。

怒り狂った王は、剣を抜いて、ピンドーラの頭につきつけたが、彼はひとことも語らず、岩のように動かない。

いよいよ怒った王は、蟻塚《ありづか》をこわして、無数の赤蟻《あかあり》を彼の体のまわりにまき散らしたが、それでもピンドーラは、端然《たんぜん》と坐《すわ》ったまま、それに耐えていた。

ここに至って、王ははじめて自分の狂暴を恥じ、その罪をわびて許しを請うた。これ

から仏《ほとけ》の教えがこの王家に入り、ヴァッサ国に広まる糸口が開けた。

七、その後、幾日か過ぎて、ウダヤナ王はピンドーラを彼の住む森に訪ね、その疑問をただした。

「尊者よ、仏《ほとけ》の弟子たちは、若い身でありながら、どうして欲におぼれず、清らかにその身を保つことができるのであろうか」

「大王よ、仏《ほとけ》はわたしたちに向かって、婦人に対する考えを教えられた。年上の婦人を母と見よ。中ほどの婦人を妹と見よ。若い婦人を娘と見よと。この教えによって、弟子たちは若い身でありながら、欲におぼれず、その身を清らかに保っている」

「尊者よ、しかし、人は、母ほどの人にも、妹ほどの人にも、娘ほどの人にも、みだらな心を起こすものである。仏《ほとけ》の弟子たちはどのようにして欲を抑えることができるのであろうか」

「大王よ、世尊《せそん》は、人の体がいろいろな汚れ、血・うみ・汗・脂《あぶら》など、さまざまな汚れに満ちていることを観《み》よ、と教えられた。このように見ることによって、われわれ若い者でも、心を清らかに保つことができるのである」

「尊者よ、体を調え、心を練り、*智慧《ちえ》をみがいた仏弟子《ぶつでし》たちには容易であるかも知れない。しかし、たとえ仏《ほとけ》の弟子であっても、未熟な人には、容易なことではないであろう。汚れたものを見ようとしても、いつしか清らかな姿に心ひかれ、醜《みにく》さを見ようとしても、いつしか美しい形に魅せられてゆく。仏弟子《ぶつでし》が美しい行いを保つには、もっと他に理由があるのではあるまいか」

「大王よ、仏《ほとけ》は五官《ごかん》の戸口を守れと教えられる。目によって色・形を見、耳によって音を聞き、鼻によって香りをかぎ、舌によって味を味わい、身によって物に触れるとき、その美しい姿に心を奪われず、また醜《みにく》い姿に心をいらだたせず、よく五官《ごかん》の戸口を守れと教えられる。この教えによって、若い者でも、心身を清らかに保つことができるのである」

「尊者よ、仏《ほとけ》の仰せは、まことにすばらしい。わたしの経験によってもそのとおりである。五官《ごかん》の戸締まりをしないで、ものに向かえば、すぐに卑《いや》しい心にとらわれる。五《ご》官《かん》の戸口を守ることは、わたしどもの行いを清らかにするうえに、まことに大切なことである」

八、人はののしられると、言い返したり、仕返ししたくなるものである。それは天を仰いで唾《つば》するようなものである。他人を傷つけず、かえって自分を傷つける。それは風に向かってちりを掃くようなものである。ちりを除くことにならず、自分を汚すことになる。仕返しの心には常に災いがつきまとうものであるから、用心しなくてはならない。

九、狭い心を捨てて、広く他人に施すことは、まことによいことである。それとともに、志を守り、道を敬《うやま》うことは、さらによいことである。

人は利己的な心を捨てて、他人を助ける努力をすべきである。他人が道を施すのを見て、それを助け喜ぶことは、よいことである。幸福はそうした行いから生まれる。

一つのたいまつから何千人の人が火を取っても、そのたいまつはもとのとおりであるように、幸福はいくら分け与えても、減るということがない。

道を修める者は、その一歩一歩を慎重に歩まなければならない。志がどんなに高くても、それは一歩一歩到達されなければならない。道は、その日その日の生活の中にあることを忘れてはならない。

十、この世の中に、さとりへの道を始めるに当たって成し難いことが二十ある。

一、貧しくて、施すことは成し難く、
二、慢心にして、道を学ぶことは成し難く、
三、命を捨てて、道を求めることは成し難く、
四、仏《ほとけ》の在世に生を受けることは成し難く、
五、仏《ほとけ》の教えを聞くことは成し難く、
六、色欲を耐え忍び、諸欲を離れることは成し難く、
七、よいものを見て、求めないことは成し難く、
八、権勢を持ちながら、勢いをもって人に臨まないことは成し難く、
九、辱《はずかし》められて怒らないことは成し難く、
十、事が起きても無心であることは成し難く、

十一、広く学び深く究めることは成し難く、
十二、初心の人を軽んじないことは成し難く、
十三、慢心を除くことは成し難く、
十四、よき師を得ることは成し難く、
十五、道を学んで、さとりに入ることは成し難く、
十六、外界の環境に動かされないことは成し難く、
十七、相手の能力を知って、教えを説くことは成し難く、
十八、心をいつも平らかに保つことは成し難く、
十九、是非をあげつらわないことは成し難く、
二十、よい手段を学び知ることは成し難い。

十一、悪人と善人の特質はそれぞれ違っている。悪人の特質は、罪を知らず、それをやめようとせず、罪を知らされるのをいやがる。善人の特質は、善悪を知り、悪であることを知ればすぐやめ、悪を知らせてくれる人に感謝する。

このように、悪人と善人とは違っている。

悪人とは、自分に示された他人の親切に感謝できない人である。

一方善人とは、常に感謝の気持ちを持ち、直接自分に親切にしてくれた人だけではなく、すべての人に対して思いやりを持つことによって、感謝の気持ちを表そうとする人である。

第三節　たとえの中のおしえ

一、遠い昔、棄老国《きろうこく》と呼ばれる、老人を棄《す》てる国があった。その国の人びとは、だれしも老人になると、遠い野山に棄《す》てられるのが掟《おきて》であった。

その国の王に仕える大臣は、いかに掟《おきて》とはいえ、年老いた父を棄《す》てることができず、深く大地に穴を掘ってそこに家を作り、そこに隠して孝養《きょうよう》を尽くしていた。

ところがここに一大事が起きた。それは天神が現れて、王に向かって恐ろしい難問を投げつけたのである。

「ここに二匹の蛇がいる。この蛇の雄・雌を見分ければよし、もしできないならば、この国を滅ぼしてしまうぞ」と。

王はもとより、宮殿にいるだれひとりとして蛇《へび》の雄《おす》・雌《めす》を見分けられる者はいなかった。王はついに国中に布告して、見分け方を知っている者には、ほうびを与えるであろうと告げさせた。

かの大臣は家に帰り、ひそかに父に尋ねると、父はこう言った。

「それは易しいことだ。柔らかい敷物の上に、その二匹の蛇《へび》を置くがよい。そのとき、騒がしく動くのは雄《おす》であり、動かないのが雌《めす》である」

大臣は父の教えのとおり王に語り、それによって蛇《へび》の雄《おす》・雌《めす》を知ることができた。

それから神は、次々にむずかしい問題を出した。王も家臣たちも、答えることができなかったが、大臣はひそかにその問題を父に尋ね、常に解くことができた。

その問いと答えとは次のようなものであった。

「眠っているものに対しては覚めているといわれ、覚めているものに対しては眠っているといわれるのは、だれであるか」

「それは、いま道を修行している人のことである。道を知らない、眠っている人に対しては、その人は覚めているといわれる。すでに道をさとった、覚めている人に対しては、その人は眠っているといわれる」

「大きな象の重さはどのように量《はか》るか」

「象を舟に乗せ、舟が水中にどれだけ沈んだか印をしておく。次に象を降ろして、同じ深さになるまで石を載せその石の重さを量《はか》ればよい」

「一すくいの水が大海の水より多いというのは、どんなことか」

「清らかな心で一すくいの水を汲《く》んで、父母や病人に施せば、その*功徳《くどく》は永久《とこしえ》に消えない。大海の水は多いといっても、ついに尽きる時がある。これをいうのである」

次に天神は、骨と皮ばかりに痩《や》せた、飢えた人を出現させて、その人にこう言わせた。

「世の中に、わたしよりもっと飢えに苦しんでいるものがあるであろうか」

「ある。世にもし、心がかたくなで貧しく、仏《ぶっ》・*法《ぽう》・僧《そう》の三宝《さんぽう》を信ぜず、父母や師匠に*供養《くよう》をしないならば、その人の心は飢えきっているだけでなく、その報《むく》いとして、後の世には餓鬼道《がきどう》に落ち、長い間飢えに苦しまなければならない」

「ここに真四角な栴檀《せんだん》の板がある。この板はどちらが根の方であったか」

「水に浮かべてみると、根の方がいくらか深く沈む。それによって根の方を知ることができる」

「ここに同じ姿・形の母子の馬がいる。どうしてその母子を見分けるか」

「草を与えると、母馬は、必ず子馬の方へ草を押しつけ与えるから、ただちに見分けることができる」

これらの難問に対する答えはことごとく天神を喜ばせ、また王をも喜ばせた。そして王は、この知恵が、ひそかに穴蔵にかくまっていた大臣の老いた父から出たものであることを知り、それより、老人を棄《す》てる掟《おきて》をやめて、年老いた人に孝養《きょうよう》を尽くすようにと命じるに至った。

二、ヴィデーハ国の王妃は、六牙《ろくげ》の白象《びゃくぞう》の夢を見た。王妃は、その象牙をぜひ自分のものにしたいと思い、王にその牙《きば》を手に入れたいと願った。王妃を愛する王は、この無理な願いを退けることができず、このような象を知る者があれば届け出よ、と賞金をつけて国中に触れを出した。

ヒマーラヤ山の奥にこの六牙《ろくげ》の象がいた。この象は仏《ほとけ》に成るための修行をしていたのであるが、あるときひとりの猟師を危難から救ってやった。ようやく国へ帰ることができた猟師は、この触れを見、賞金に目がくらみ、恩を忘れて、六牙《ろくげ》の象を殺そうと山へ向かっていった。

猟師はこの象が仏《ほとけ》に成るための修行をしていたので、象を安心させるために袈裟《けさ》をかけて*出家者《しゅっけしゃ》の姿になった。そして、山に入って象に近づき、象が心を許しているさまを見て毒矢を放った。

猛毒の矢に射られて死期の近いことを知った象は、猟師の罪をとがめようともせずに、かえってその*煩悩《ぼんのう》の過ちを哀《あわ》れみ、猟師をその四つの足の間に入れて、報復しようとする大勢の仲間の象から守った。さらに、猟師がこの危険をおかすに至ったわけを尋ねて、六つの牙《きば》を求めるためであることを知り、自ら牙《きば》を大木に打ちつけて折り、彼にこれを与えた。白象《びゃくぞう》は、「この布施行《ふせぎょう》によって仏道《ぶつどう》修行を成就《じょうじゅ》した。わたしは*仏《ほとけ》の国に生まれるであろう。やがて仏《ほとけ》と成ったら、まず、あなたの心の中にある貪《むさぼ》り・瞋《いか》り・愚かさという三つの毒矢を抜き去るであろう」と誓った。

三、ヒマーラヤ山のふもとの、ある竹やぶに、多くの鳥や獣と一緒に、一羽のオウムが住んでいた。あるとき、にわかに大風が起こり、竹と竹とが擦《す》れあって火が起こった。火は風にあおられて、ついに大火となり、鳥も獣も逃げ場を失って鳴き叫んだ。

オウムは、一つには、長い間住居を与えてくれた竹やぶの恩に報《むく》いるために、一つには、大勢の鳥や獣の災難を哀《あわ》れんで、彼らを救うために、近くの池に入っては翼を水に浸し、空にかけのぼっては、しずくを燃えさかる火の上にそそぎかけ、竹やぶの恩を思う心と、限りない慈愛の心で、たゆまずにこれを続けた。

*慈悲《じひ》と献身の心は天界のブラフマー神（梵天《ぼんてん》）を感動させた。梵天《ぼんてん》は空から下って来てオウムに語った。

「おまえの心はけなげであるが、この大火を、どうして羽のしずくで消すことができようか」

オウムは答えて言う。

「恩を思う心と*慈悲《じひ》の心からしていることが、できないはずはない。わたしはどうしてもやる。次の生に及んでもやりとおす」と。

梵天《ぼんてん》はオウムの偉大な志にうたれ、力を合わせてこの竹やぶの火を消し止めた。

四、ヒマーラヤ山に共命鳥《ぐみょうちょう》という鳥がいた。体は一つ、頭は二つであった。

あるとき、一つの頭がおいしい果実を食べるのを見て、もう一つの頭が嫉妬《しっと》の心を起こし、「それならわたしは毒の果実を食べてやろう」と毒を食べて、両方ともに死んでしまった。

ある蛇《へび》の頭と尾とが、あるとき、お互いに前に出ようとして争った。尾が言うには、「頭よ、おまえはいつも前にあるが、それは正しいことではない。たまにはわたしを前にするがよい」

頭が言うには、「わたしがいつも前にあるのはきまった習わしである。おまえを前にすることはできない」と。

互いに争ったが、やはり頭が前にあるので、尾は怒って木に巻きついて頭が前へ進むことを許さず、頭がひるむすきに、木から離れて前へ進み、ついに火の穴へ落ち、焼けただれて死んだ。

ものにはすべて順序があり、異なる働きがそなわっている。不平を並べてその順序を乱し、そのために、そのおのおのに与えられている働きを失うようになると、そのすべてが滅んでしまうのである。

五、非常に気が早く怒りっぽい男がいた。その男の家の前で、二人の人がうわさをした。

「ここの人は大変よい人だが、気が早いのと、怒りっぽいのが欠点である」と。

その男は、これを聞くとすぐ家を飛び出してきて、二人の人におそいかかり、打つ、蹴る、なぐるの乱暴をし、とうとう二人を傷つけてしまった。

賢い人は、自分の欠点を忠告されると、反省してあらためるが、愚かな者は、自分の欠点を指摘されると、あらためるどころか、かえって過ちを重ねるものである。

六、金持ちではあるが愚かな人がいた。他人の家の三階づくりの高楼《たかどの》が高くそびえて、美しいのを見てうらやましく思い、自分も金持ちなのだから、高楼《たかどの》を造ろうと思った。

大工を呼んで建築するよう言いつけると、大工は承知して、まず基礎を造り、二階を組み、それから三階に進もうとした。主人はこれを見て、もどかしそうに叫んだ。

「わたしの求めるのは土台ではない、一階でもない、二階でもない、三階の部分だけだ。早くそれを造れ」と。

愚かな者は、努め励むことを知らないで、ただ良い結果だけを求める。しかし、土台のない三階の高楼《たかどの》はあり得ないように、努め励むことなくして、良い結果を得られるはずがない。

ある人が蜜《みつ》を煮ているところへ親しい友が来たので、蜜《みつ》をごちそうしようと思い、火にかけたまま扇であおぎ冷やそうとした。これと同じく、*煩悩《ぼんのう》の火を消さないで、清涼なさとりの蜜《みつ》を得ようとしても、得られるはずはない。
七、二匹の鬼が、一つの箱と一本の杖《つえ》と一足の靴《くつ》とを巡《めぐ》って互いに争い、終日争ってついにきまらず、なおも互いに争い続けた。
これを見たひとりの人が、

「どうしてそのように争うのか。この品々にどのような不思議があって、そのように奪いあいをするのか」と尋ねた。

二匹の鬼はこう答えた。

「この箱からは、食物でも、宝でも、何でも欲しいものを自由に取り出すことができる。また、この杖《つえ》を手に取るとすぐに敵を降すことができる。この靴《くつ》をはくと、空を自由に飛ぶことができる」と。

その人はこれを聞いて、

「争うことなどない。おまえたちは、しばらくここから離れているがよい。わたしが平等に分けてやろう」

と言って、二匹の鬼を遠ざけ、自ら箱を抱《かか》え、杖《つえ》を取り、靴《くつ》をはいて空へ飛び去った。

鬼とは異教の人、箱とは布施《ふせ》のことである。彼らは、布施《ふせ》からもろもろの宝の生じることを知らない。また、杖《つえ》とは心の統一のこと。彼らは、心の統一によって*煩悩《ぼんのう》の悪魔を降《くだ》すことを知らない。また、靴《くつ》とは清らかな戒のこと。彼らはこの清らかな戒によって、あらゆる争いを超えられることを知らない。だから、この箱と杖《つえ》と靴《くつ》を取りあって、争ってやまないのである。

八、ひとりの男が旅をして、ある夜、ただひとりでさびしい空き家に泊《と》まった。すると真夜中になって、一匹の鬼が人の死骸《しがい》をかついで入ってきて、床の上にそれを降ろした。

間もなく、後からもう一匹の鬼が追って来て、「これはわたしのものだ」と言い出したので、激しい争いが起こった。

すると、前の鬼が後の鬼に言うには、

「こうして、おまえと争っていてもはてしがない。証人を立てて所有をきめよう」

後の鬼もこの申し出を承知したので、前の鬼は、先ほどからすみに隠れて小さくなって震えていた男を引き出して、どちらが先にかついで来たかを言ってくれと頼んだ。

男はもう絶体絶命である。どちらの鬼に味方しても、もう一方の鬼に恨《うら》まれて殺されることはきまっているから、決心して正直に自分の見ていたとおりを話した。

案《あん》の定《じょう》、後の鬼は大いに怒ってその男の手をもぎ取った。これを見た前の鬼は、すぐ死骸《しがい》の手を取って来て補った。後の鬼はますます怒ってさらに手を抜き足を取り、胴を取り去り、とうとう頭まで取ってしまった。前の鬼は次々に、死骸《しがい》の手、足、胴、頭を取って、みなこれを補った。

こうして二匹の鬼は争いをやめ、あたりに散らばった手足を食べて満腹となり、口をぬぐって立ち去った。

男はさびしい小屋で恐ろしい目にあい、親からもらった手も足も胴も頭も、鬼に食べられ、いまや自分の手も足も胴も頭も、見も知らぬ死骸《しがい》のものである。一体、自分は自分なのか自分ではないのか、まったくわからなくなった男は、夜明けに、空き家を立ち去ったが、途中で寺を見つけて喜び勇み、その寺に入って、昨夜の恐ろしいできごとをすべて話し、教えを請うたのである。

寺の僧たちは、「あなたの身体《からだ》は本来*無我《むが》なのです。ただ地水火風《ちすいかふう》の四大元素《しだいげんそ》の集まりを自分の身体《からだ》だと思っていただけです。鬼に取られる前も後もあなたの身体《からだ》に変わりはありません」と*無我《むが》の理《ことわり》を説いた。

九、ある家に、ひとりの美しく着飾った女性が訪ねてきた。その家の主人が、「どなたでしょうか」

と尋ねると、その女性は、

「わたしは人に富《とみ》を与える福の神（吉祥天《きっしょうてん》）である」

と答えた。主人は喜んで、その女性を家に上げ手厚くもてなした。

すると、すぐその後から、粗末なみなりをした女性が入ってきた。主人がだれであるかと尋ねると、「わたしは貧乏神（黒闇天《こくあんてん》）である」と答えた。主人は驚いてその女性を追い出そうとした。すると女性は、

「先ほどの福の神はわたしの姉である。わたしたち姉妹はいつも離れたことはないのであるから、わたしを追い出せば姉もいないことになるのだ」

と主人に告げ、彼女が去ると、やはり福の神の姿も消えうせた。

生があれば死があり、幸いがあれば災いがある。善いことがあれば悪いことがある。人はこのことを知らなければならない。愚かな者は、ただいたずらに、災いを嫌って幸いだけを求めるが、道を求めるものは、この二つをともに超えて、そのいずれにも執着《しゅうじゃく》してはならない。

十、ある男が墓場の近くに住んでいた。ある夜、墓場の中から、しきりに自分を呼ぶ声がするので、恐れ震え上がっていた。夜が明けてから、彼がそのことを友に話すと、友の中で勇気のある者が、次の夜にも呼ぶ声がしたら、その声を尋《たず》ねて、そのもとを突《つ》き止《と》めてみようと決心した。

次の夜も、前夜のように、しきりに呼ぶ声がする。呼ばれた男はおびえて震えていたが、勇気のある男は、その声をたよりに墓場に入り、声の出る場所を訪ねて、おまえはだれかと聞いた。

すると、地の中から声がして、

「わたしは、地の中に隠されている宝である。わたしは、わたしの呼んだ男に自分を与えようと思うが、彼は恐れて来ない。おまえは勇気があるからわたしを取るにふさわしい。あすの朝、わたしは七人の従者とともにおまえの家に行くであろう」と言った。

その男はこのことばを聞いて、

「わたしの家へ来るなら待っているが、どのようにもてなしたらよいのか」と尋ねる。

声は答えた。「わたしどもは*出家《しゅっけ》の姿で行くから、まず体を清め、部屋を清めて、水を用意し、八つの器《うつわ》に粥《かゆ》を盛って待つがよい。食事が終わったら、ひとりひとり導いて、隅《すみ》の部屋の中に入れれば、わたしどもはそのまま黄金《おうごん》の詰まった壺《つぼ》になるだろう」と。

あくる朝、この男は、体を清め、家を清めて待っていると、はたして八人の*出家者《しゅっけしゃ》が托鉢《たくはつ》にやって来た。部屋に通して、水と粥《かゆ》とを*供養《くよう》し、終わってからひとりひとりを隅《すみ》の部屋に導いた。すると、八人が八人とも、黄金《おうごん》の詰まった壺《つぼ》に変わってしまった。

このことを聞いた欲深い男が、自分も黄金《おうごん》が欲しいと思い、同じように部屋を清めて托鉢《たくはつ》の*出家者《しゅっけしゃ》を八人招いて*供養《くよう》し、食事の後、隅《すみ》の部屋に閉じこめた。しかし八人の*出家者《しゅっけしゃ》は黄金《おうごん》の詰まった壺《つぼ》になるどころではなく、怒って暴れ出し、その男はついに訴えられ、捕らえられた。

はじめに名を呼ばれておびえていた臆病な男も、呼んだ声の主が黄金《おうごん》の詰まった壺《つぼ》であると知ると、これも欲を起こし、あの声はもともと自分を呼んだのだから、あの壺《つぼ》は自分のものだと言いはり、その家へ入って壺《つぼ》を取ろうとすると、壺《つぼ》の中には蛇《へび》がいっぱい居て、鎌首《かまくび》をもたげてその男に向かっていった。

その国の王はこれを聞いて、黄金《おうごん》の詰まった壺《つぼ》はみな、この勇気のある男のものであるとして、「世の中のことは何ごともこのとおりであって、愚かな者はただその果報だけを望むが、それはそれだけで得られるものではない。ちょうどそれは、うわべだけ戒を保っていても、心の中にまことの信心がなければ決して真の安らぎは得られないのと同じである」と諭《さと》した。

第二章　実践の道

第一節　道を求めて

一、この宇宙の組み立てはどういうものであるか。この宇宙は永遠のものであるか、やがてなくなるものであるか。この宇宙は限りなく広いものであるか、それとも限りがあるものであるか。これらの問題がはっきりきまらないうちは、道を修めることはできないというならば、だれも道を修め得ないうちに死が来るであろう。

例えば、人が恐ろしい毒矢に射られたとする。親戚《しんせき》や友人が集まり、急いで医者を呼び毒矢を抜いて、毒の手当てをしようとする。

ところがそのとき、その人が、

「しばらく矢を抜くのを待て。だれがこの矢を射たのか、それを知りたい。どんな家のものか、また弓は何であったか、大弓か小弓か、木の弓か竹の弓か、弦《つる》は何であったか、矢と羽根は何であったか、それらがすっかりわかるまで矢を抜くのは待て」

と言ったら、どうであろうか。

いうまでもなく、それらのことがわかってしまわないうちに、毒は全身に回って死んでしまうに違いない。この場合にまずしなければならないことは、まず矢を抜き、毒が全身に回らないように手当てをすることである。

宇宙が永遠であろうとなかろうと、限りがあろうとなかろうと、生と老と病と死、愁《うれ》い、悲しみ、苦しみ、悩みの火は、現に人の身の上に押し迫っている。人はまず、この迫っているものを払いのけるために、道を修めなければならない。

仏《ほとけ》の教えは、説かなければならないことを説き、説く必要のないことを説かない。すなわち、知らなければならないことを知り、断たなければならないものを断ち、修めなければならないものを修め、さとらなければならないものをさとれと人に教えるのである。

だから、人はまず問題を見きわめなければならない。自分にとって何が第一の問題であるか、何が自分にもっとも押し迫っているものであるかを知って、自分の心をととのえることから始めなければならない。

二、また、樹木の芯《しん》を求めて林に入った者が、枝や葉を得て芯《しん》を得たように思うならば、まことに愚かなことである。ややもすると、人は、木の芯《しん》を求めるのが目的でありながら、木の外皮や内皮、または木の肉を得て芯《しん》を得たように思う。

人の身の上に迫る生と老と病と死と、愁《うれ》い、悲しみ、苦しみ、悩みを離れたいと望んで道を求める。これが芯《しん》である。それが、わずかな尊敬と名誉とを得て満足して心が驕《おご》り、自分をほめて他をそしる人は、枝葉を得ただけにすぎないのに芯《しん》を得たと思うような者である。

また、自分が守る少しばかりの戒《いまし》めに慢心して、望んだものを得たように思い、満足して心が高ぶり、自分をほめて他をそしる人は、木の外皮を得て芯《しん》を得たと思うような者である。

また、自分の心がいくらか静まり安定を得たとして、それに満足して心が高ぶり、自分をほめて他をそしる人は、木の内皮を得て芯《しん》を得たと思うような者である。

また、いくらかものを明らかに見る力を得て、これに目がくらんで心が高ぶり、自分をほめて他をそしる人は、木の肉を得て芯《しん》を得たと思うような者である。

これらの人はみな、気がゆるんで怠《おこた》りに至り、ふたたび苦しみを招くに至るであろう。

道を求める者にとっては、尊敬と名誉と*供養《くよう》を受けることがその目的ではない。自分が守る少しばかりの戒《いまし》めや、多少の心の安定、またわずかな見る力が目的なのではない。

人はこの世の生と死の根本的な性質を心に留めなければならない。

三、心のはからいをなくす道を得なければならない。外の形に迷いがあるのではなく、内の心が迷いを生じるのである。

心の欲をもととして、この欲の火に焼かれて苦しみ悩み、*無明《むみょう》をもととして、迷いの闇《やみ》に包まれて、愁《うれ》い悲しむ。迷いの家を造るものはこの心の他にないことを知って、道を求める人は、この心と戦って進んでゆかなければならない。

四、「わが心よ、おまえはどうして、無益な境地に進んで少しの落ち着きもなく、そわそわとして静かでないのか。

どうしてわたしを迷わせて、いたずらに、ものを集めさせるのか。

大地を耕そうとして、鍬《くわ》がまだ大地に触れないうちに壊れてしまっては耕すことができないように、生死《しょうじ》の迷いの海にさまよい、数知れない生命を捨てたのに、心の大地の耕されることはなかった。

心よ、おまえはわたしを王者に生まれさせたこともある。また貧しい者に生まれさせて、あちらこちらに食を乞《こ》わせたこともある。

ときにはわたしを神々の国に生まれさせ、栄華の夢に酔わせたこともあるが、また地獄の火で焼かせたこともある。

愚かな心よ、おまえはわたしをさまざまな道に導いた。わたしはこれまで、常におまえに従ってそむくことはなかった。しかし、いまやわたしは仏《ほとけ》の教えを聞く身となった。もはやわたしを悩ませたり、妨げたりしないでくれ。どうかわたしが、さまざまな苦しみから離れて、速やかにさとりを得られるように努めてくれ。

心よ、おまえが、すべてのものはみな実体がなくうつり変わると知って、執着《しゅうじゃく》することなく、何ものもわがものと思うことがなく、貪《むさぼ》り、瞋《いか》り、愚かさを離れさえすれば、安らかになるのである。

*智慧《ちえ》の剣をもって渇愛《かつあい》の蔓《つる》を断ち、称賛と非難とにわずらわされることがなくなれば、安らかな日を得ることができるのである。

心よ、山も川も海も、すべてはみなうつり変わり、災いに満ちている。この世のどこに楽しみを求めることができようか。

心よ、おまえは、わたしを導いて道を求めることを思い立たせた。ところがいま、どうしてまたこの世の利欲と栄華にひかれて、動き回ろうとするのであるか。

形がなくて、どこまでも遠く駆けてゆく心よ。どうか、この超え難い迷いの海を渡らせてくれ。これまでわたしは、おまえの思うとおりに動いてきた。しかし、これからは、おまえはわたしの思うとおりに動かなければならない。我らはともに仏《ほとけ》の教えに従おう」

五、このように心と戦って、真に道を求める人は、常に強い覚悟をもって進むから、あざけりそしる人に出会っても、それによって心を動かすことはない。こぶしをもって打ち、石を投げつけ、剣をもって斬《き》りかかる人があっても、そのために瞋《いか》りの心を起こすことはない。

鋸《のこぎり》によって頭と胴とが切り離されるとしても、心乱れてはならない。それによって心を怒らせるならば、仏《ほとけ》の教えを守らない者である。

あざけりも来たれ、そしりも来たれ、こぶしも来たれ、杖《つえ》や剣の乱打も来たれ、わが心はそのために乱れることはない。それによって、かえって仏《ほとけ》の教えで心が満たされるであろうと、かたく覚悟しているのである。

さとりのためには、成し難いことも成し遂げ、忍び難いこともよく忍び、施し難いものもよく施す。

日に一粒の米だけを食べ、燃えさかる火の中に入るならば、必ずさとりを得るだろうと言う者があれば、そのとおりにすることを少しも辞さない。

しかし、施しても施したという思いを起こさず、ことをなしてもなしたという思いを起こさない。ただそれが賢いことであり正しいことだからするのである。それは母親が一枚しかない衣服を愛するわが子に与えても、与えたという心を起こさず、病む子を看護しても、看護したという思いを起こさないのと同じである。

六、遠い昔、ある王があった。王は聡明で*慈悲《じひ》深く、民を愛し、国は豊かに安らかに治まっていた。また、王は道を求める心が篤《あつ》く、常に財宝を用意して、どんな人でも、尊い教えを示してくれる者には、この財宝を施すであろうと、布告していた。

この王の道を求めるまごころには、神々の世界も震え動いたが、インドラ神（帝釈《たいしゃく》天《てん》）は王の心を確かめるために、鬼の姿となって、王の宮殿の門の前に立った。

「わたしは尊い教えを知っている。王にとりついでもらいたい」

王はこれを聞いて大いに喜び、うやうやしく奥殿《おくどの》に迎えて、教えを聞きたいと願った。

すると鬼は、刃《やいば》のように恐ろしい牙《きば》をむきだして、

「いまわたしは非常に飢えている。このままではとても教えを説くことはできない」

と言う。

そこで食物《たべもの》をさし出すと、

「わたしの食物《たべもの》は、人間の温かい血と肉でなければならない」

と言う。そのとき王子が、進んでわが命を捨てて、鬼の飢えを満たそうと言い、王妃もまた進んでその身体《からだ》を餌食《えじき》にしようとした。ここに鬼は二人の身体《からだ》を食べたが、なお飢えを満たすことができず、さらに王の身体《からだ》を食べたいと言う。

そのとき王は静かに言った。

「わたしは命を惜しまない。ただ、この身がなくなれば教えを聞くことができないから、おまえが教えを説き終わったそのときにこの身を与えよう」

鬼はそのとき、

「渇愛《かつあい》より憂《うれ》いは生じ、渇愛《かつあい》より恐れは生じる。渇愛《かつあい》を離れし人に憂《うれ》いなし、またいずこにか恐れあらん」と説いて、たちまち神の姿にかえった。それと同時に、死んだはずの王子も、王妃も、もとの姿にたちかえった。

七、昔、ヒマーラヤ山に真実を求める行者がいた。ただ迷いを離れる教えを求めて、そのほかは何も求めるものがなく、地上に満ちた財宝はもとより、神々の世界の栄華さえ望むところではなかった。

インドラ神はこの行者の行いに感動し、その心のまことを試そうと鬼の姿となってヒマーラヤ山に現れ、

「ものみなうつり変わり、生滅《しょうめつ》するものなり」と歌った。

行者はこの歌声を聞き、渇《かわ》いた人が水を得たように、また囚《とら》われた人が解き放たれた

ように喜んで、これこそまことの理《ことわり》である、まことの教えであると思い、あたりを見まわして、だれがこの尊い詩《うた》を歌ったのであろうかとながめ、そこに恐ろしい鬼を見いだした。怪しみながらも鬼に近づいて、

「先ほどの詩《うた》はおまえの歌ったものか。もしそうなら、続きを聞かせてもらいたい」

と願った。

鬼は答えた。

「そうだ、それはわたしの詩《うた》だ。しかし、わたしはいま飢えているから、何か食べなくては歌うことができない」

行者はさらに願った。

「どうかそう言わずに、続きを聞かせてもらいたい。あの詩《うた》には、まことに尊い意味があり、わたしの求めているものがある。しかし、あれだけではことばは終わっていない。どうか詩《うた》の残りを教えていただきたい」

鬼はさらに言う。

「いまわたしは空腹に耐えられない。もし人の温かい肉を食べ、血をすすることができるならば、あの詩《うた》の続きを説くであろう」

これを聞いた行者は、続きの詩《うた》を聞かせてもらえるならば、聞き終わってから、自分の身を与えるであろうと約束した。

鬼はそこで、残りの詩《うた》を歌った。それはこうである。

「生滅《しょうめつ》するものが、滅し終わり、静まることこそ、安楽である」

行者はこの詩《うた》を木や石に彫りつけ、やがて木の上にのぼり、身体《からだ》をおどらせて鬼の前に投げ与えた。その瞬間、鬼はインドラ神の姿にかえり、行者の身体《からだ》は神の手に安らかに受けとめられた。

八、昔、サダープラルディタ（常啼《じょうたい》）という求道者《ぐどう》がいた。ひたすらまことのさとりを求め、名誉利欲に誘われず、懸命であった。ある日、空中に声があり、

「サダープラルディタよ、ただ東に進め。わきめもふらず、暑さ寒さを忘れ、世間の

非難や称賛を気にかけず、善悪のはからいにとらわれず、ひたすら東に進め。必ずまことの師を得て、さとりを得るであろう」と教えた。

彼は大いに喜び、声の教えたとおり、ただまっしぐらに東に進んで道を求めた。野に伏し、山に眠り、また異国の旅の迫害と屈辱《くつじょく》を忍び、ときには身を売って人に仕え、骨を削る思いをしてその日の糧《かて》を得つつ、ようやくまことの師のもとにたどりついて教えを請うた。

善いことをしようとすれば必ず障《さわ》りがでるものである。サダープラルディタの求道《ぐどう》の旅にも、この障《さわ》りはいくたびとなく現れた。

師に捧《ささ》げる香華《こうげ》の元手《もとで》を得たいと思い、人に仕え、賃金を得ようとしても、やとい手がいない。悪魔の妨げの手は彼の赴《おもむ》くところ、どこにでも伸びていた。さとりへの道はまことに血を涸《か》らし骨を削る苦難の旅であった。

師について教えを受け、尊いことばを記そうと思っても、紙も筆も墨も得ることができない。彼は刀をとって自分の腕を突き、血を流して師のことばを記した。このようにして、彼は尊いさとりのことばを得たのであった。

九、昔、スダナ（善財《ぜんざい》）という童子がいた。この童子もまた、ただひたすら道を求め、さとりを願う者であった。海で魚をとる漁師を訪れては、海の不思議から得た教えを聞いた。人の病を診《み》る医師からは、人に対する心は*慈悲《じひ》でなければならないことを学んだ。また、財産を多く持つ長者に会っては、あらゆるものはみなそれなりの価値をそなえているということを聞いた。

また坐禅《ざぜん》する*出家者《しゅっけしゃ》を訪れては、その寂《しず》かな心が姿に現れて、人びとの心を清め、不思議な力を与えるのを見た。また気高《けだか》い心の女性に会っては、その奉仕の精神にうたれた。身を粉にし骨を砕いて道を求める行者にめぐり会っては、真実に道を求めるために、刃《やいば》の山にも登り、火の中でもかき分けてゆかなければならないことを知った。

このように童子は、心さえあれば、目の見るところ、耳の聞くところ、みなことごとく教えであることを知った。

香をたく道にも仏《ほとけ》の教えがあり、華《はな》を飾る道にもさとりのことばがあった。ある日、林の中で休んでいたときに、彼は朽《く》ちた木から生える一本の若木を見て生命の*無常《むじょう》を教わった。

昼の太陽の輝き、夜の星のまたたき、これらのものも童子のさとりを求める心を教えの雨で潤《うるお》した。

童子はいたるところで道を問い、いたるところでことばを聞き、いたるところでさとりの姿を見つけた。

まことに、さとりを求めるには、心の城を守り、心の城を飾らなければならない。そして敬虔《けいけん》に、この心の城の門を開いて、その奥に仏《ほとけ》をまつり、信心の華《はな》を供え、歓喜《かんぎ》の香を捧《ささ》げなければならないことを童子は学んだのである。

第二節　さまざまな道

一、さとりを求める者が学ばなければならない三つのことがある。それは戒《かい》と心の統一（定《じょう》）と*智慧《ちえ》の三学《さんがく》である。

戒《かい》とは何であるか。人として、また道を修める者として守らなければならない戒律《かいりつ》を保ち、心身を統御し、小さな罪にも恐れを見、善い行いをして励み努めることである。心の統一とは何であるか。欲を離れ不善を離れて、次第に心の安定に入ることである。*智慧《ちえ》とは何であるか。四つの真理（四諦《したい》）を知ることである。それは、これが苦しみである、これが苦しみの原因である、これが苦しみの消滅である、これが苦しみの消滅に至る道であると、明らかにさとることである。

この三学《さんがく》を修めるものが、仏《ほとけ》の弟子といわれる。

驢馬《ろば》が牛の群れの後からついてきて、牛の姿も声も足跡もないのに、わたしも牛であると言っても、だれも信用しないように、この戒と心の統一と*智慧《ちえ》の三学《さんがく》を修めないでいて、わたしは仏《ほとけ》の弟子であると言っても、それは愚かなことである。

農民が秋に収穫を得るために、まず春のうちに田を耕し、種をまき、水をかけ、草を取って育てるように、さとりを求める者は、必ずこの三学《さんがく》を修めなければならない。農民が、まいた種が今日のうちに芽を出し、明日中に穂が出て、明後日には刈り入れができるようにと願ってもそれはできないことであるように、さとりを求める者も、今日のうちに*煩悩《ぼんのう》を離れ、明日中に執着《しゅうじゃく》をなくし、明後日にさとりを得るというような不思議は得られるものではない。

種はまかれてから、農民の辛苦と、季節の変化を受けて芽が生じ、ようやく最後に実を結ぶ。さとりを得るのもそのように、戒と心の統一と*智慧《ちえ》の三学《さんがく》を修めているうちに次第に*煩悩《ぼんのう》が滅び、執着《しゅうじゃく》が離れ、ようやくさとりの時が来るのである。

二、この世の栄華にあこがれ、愛欲に心を乱していながら、さとりの道に入ろうとするのは難しい。世を楽しむことと道を楽しむこととはおのずから別である。

すでに説いたように、何ごとも心がもとである。心が世の中のことを楽しめば、迷いと苦しみが生まれ、心が道を好めば、さとりと楽しみが生まれる。

だから、さとりを求める者は、心を清らかにして教えを守り、戒を保たなければならない。戒を保てば心の統一を得、心の統一を得れば*智慧《ちえ》が明らかとなり、その*智慧《ちえ》こその人をさとりに導く。

まことに、この三学《さんがく》はさとりへの道である。三学《さんがく》を修めないために、人びとは久しく迷いを重ねてきた。道に入って、他人と争わず、静かに内に想《おも》いをこらして心を清め、速やかにさとりを得なければならない。

三、修めるべき道には八正道《はっしょうどう》、四念住《しねんじゅう》、四正勤《ししょうごん》、五力《ごりき》、*六波羅蜜《ろっぱらみつ》がある。

八正道《はっしょうどう》とは、正しい見方、正しい考え方、正しいことば、正しい行い、正しい生活、正しい努力、正しい気づき、正しい心の統一である。

正しい見方とは、四つの聖い真理（四諦《したい》）を明らかにして、因果の道理を信じ、誤った見方をしないこと。

正しい考え方とは、欲にふけらず、貪《むさぼ》らず、瞋《いか》らず、害《そこ》なう心のないこと。

正しいことばとは、うそをつかず、意味のないことば、悪しきことば、仲違《なかたが》いさせることばを述べないこと。

正しい行いとは、殺生《せっしょう》と、盗みと、よこしまな愛欲を行わないこと。

正しい生活とは、人として恥ずべき生き方を避けること。

正しい努力とは、正しいことに向かって怠《おこた》ることなく努力すること。

正しい気づきとは、正しく思慮深い心を保つこと。

正しい心の統一とは、誤った目的を持たず、*智慧《ちえ》を明らかにするために、正しく心を静めて、心を統一することである。

四、四念住《しねんじゅう》とは次の四つである。

わが身は汚れたもので執着《しゅうじゃく》すべきものではないと観《み》る。

どのような感覚も、それはすべて苦しみのもとであると観《み》る。

わが心は常にとどまることがなく、絶えずうつり変わるものと観《み》る。

すべてのものはみな原因と条件によって生じているから、一つとして永久にとどまるものはないと観《み》る。

五、四正勤《ししょうごん》とは次の四つである。

これから起ころうとする悪は、起こらない先に防ぐ。

すでに起こった悪は、断ち切る。
これから起ころうとする善は、起こるようにしむける。
すでに起こった善は、ますます大きくなるように育てる。
この四つのことに努めることである。

六、五力《ごりき》とは、次の五つである。

信じること。
努めること。
思慮深い心を保つこと。
心を統一すること。
明らかな*智慧《ちえ》を持つこと。

この五つがさとりを得るための力である。

七、*六波羅蜜《ろっぱらみつ》とは、布施《ふせ》・持戒《じかい》・忍辱《にんにく》・精進《しょうじん》・禅定《ぜんじょう》・*智慧《ちえ》の六つのことで、この六つを修めると、迷いの此《こ》の岸から、さとりの彼《か》の岸へと度《わた》ることができるので、六度ともいう。
布施《ふせ》は、惜しむ心を退け、持戒《じかい》は行いを正しくし、忍辱《にんにく》は怒りやすい心を治め、精進《しょうじん》は怠《おこた》りの心をなくし、禅定《ぜんじょう》は散りやすい心を静め、*智慧《ちえ》は愚かな暗い心を転じて明らかな心にする。

布施《ふせ》と持戒《じかい》とは、城を造る礎《いしずえ》のように、修行の基《もと》となり、忍辱《にんにく》と精進《しょうじん》とは城壁のように外難を防ぎ、禅定《ぜんじょう》と*智慧《ちえ》とは、身を守って生死《しょうじ》を逃れる武器であり、それは甲冑《かっちゅう》に身をかためて敵に臨むようなものである。

乞《こ》う者を見て与えるのは施しであるが、最上の施しとはいえない。*慈悲《じひ》の心から、自ら進んで他人に施すのが最上の施しである。また、ときどき施すのも最上の施しではない。常に施すのが最上の施しである。

施した後で悔いたり、施して誇りがましく思ったりするのは、最上の施しではない。施して喜び、施した自分と、施しを受けた人と、施した物と、この三つに執着《しゅうじゃく》しないことが最上の施しである。

正しい施しは、その報《むく》いを願わず、清らかな*慈悲《じひ》の心をもって、他人も自分も、ともにさとりに入るように願うものでなければならない。

世に無財《むざい》の七施《しちせ》とよばれるものがある。財なき者にもなし得る七種の布施行《ふせぎょう》のことである。

一には身施《しんせ》、身体《からだ》による奉仕であり、その最高なるものが次項に述べる捨身行《しゃしんぎょう》である。
二には心施《しんせ》、他人や他の存在に対する思いやりの心である。
三には眼施《げんせ》、優しいまなざしであり、そこに居るすべての人の心がなごやかになる。
四には和顔施《わげんせ》、柔和《にゅうわ》な笑顔を絶やさないことである。
五には言施《ごんせ》、思いやりのこもったあたたかいことばをかけることである。
六には牀座施《しょうざせ》、自分の席をゆずることである。
七には房舎施《ぼうしゃせ》、わが家を一夜の宿に貸すことである。

以上の七施《しちせ》ならば、だれにでもできることであり、日常生活の中で行えることばかりなのである。

八、昔、サッタ（薩埵《さった》）太子という王子がいた。ある日、二人の兄の王子と森に遊びに行くと、七匹の子を産んだ虎が、飢えに迫られて、今まさにわが子を食べようとするのを見た。

二人の兄の王子は恐れて逃げたが、サッタだけは身を捨てて飢えた虎を救おうと、絶壁によじのぼって、身を投げて虎に与え、その母の虎の飢えを満たし、虎の子の命を救った。

サッタの心は、ただ一筋に道を求めることにあった。

「この身は砕《くだ》けやすく変わりやすい。いままで施すことを知らず、ただわが身を愛することばかりだった自分だが、いまこそさとりを得るためにこの身を施そう」

この決心によって、王子は飢えた虎にその身を施したのである。

九、また、道を求める者が修めなければならない慈《じ》と悲《ひ》と喜《き》と捨《しゃ》の四つの大きな心(四無量心《しむりょうしん》)がある。

慈《じ》を修めると貪《むさぼ》りの心を断ち、悲《ひ》を修めると瞋《いか》りの心を断ち、喜《き》は苦しみを断ち、捨《しゃ》は恩と恨《うら》みのいずれに対しても違いを見ないようになる。

多くの人びとのために、幸福と楽しみとを与えることは大きな慈《じ》である。多くの人びとのために、苦しみと悲しみをなくすことが大きな悲《ひ》である。多くの人びとに歓喜《かんぎ》の心をもって向かうのが大きな喜《き》である。すべてのものに対して平等で、分け隔《へだ》てをしないのが大きな捨《しゃ》である。

このように、慈《じ》と悲《ひ》と喜《き》と捨《しゃ》の四つの大きな心を育てて、貪《むさぼ》りと瞋《いか》りと苦しみと愛憎の心を除くのであるが、悪心の去り難いことは飼い犬のようであり、善心の失われやすいことは林を走る鹿《しか》のようである。また、悪心は岩に刻んだ文字のように消えにくく、善心は水に画《えが》いた文字のように消えやすい。だから、道を修めることは、まことに困難なものといわなければならない。

十、世尊《せそん》の弟子シュローナは富豪の家に生まれ、生まれつき体が弱かった。世尊《せそん》にめぐり会ってその弟子となり、足の裏から血を流すほど痛々しい努力を続け、道を修めたけれども、なおさとりを得ることができなかった。

世尊《せそん》はシュローナをあわれんで言われた。

「シューローナよ、おまえは家にいたとき、琴を習ったことがあるであろう。糸を張ることが、きつくても、緩《ゆる》くても、よい音は出ない。緩急《かんきゅう》よろしきを得て、はじめてよい音を出すものである。

さとりを得る道もこれと同じく、怠《おこた》れば道を得られず、あまり張りつめて努力しても、決して道は得られない。だから、人はその努力についても、よくその程度を考えなければならない」

この教えを受けて、シュローナは、やがてさとりを得ることができた。
十一、昔、五武器《ごぶき》太子とよばれる王子がいた。五種の武器を巧みにあやつることができたので、この名を得たのである。修行を終えて郷里に帰る途中、荒野の中で、脂毛《しもう》という名の夜叉《やしゃ》に出会った。
迫《せま》ってきた脂毛《しもう》に向かって王子はまず矢を放ったが、矢が当たっても毛にねばりつくばかりで傷つけることができない。剣も鉾《ほこ》も棒も槍《やり》も、すべて毛に吸いつくだけで役に立たない。

武器をすべてなくした王子は、こぶしを上げて打ち、足を上げて蹴ったが、こぶしも足もみな毛に吸いつけられて、王子の身体《からだ》は脂毛《しもう》の身体《からだ》にくっついて宙《ちゅう》に浮いたままである。頭で脂毛《しもう》の胸を打っても、頭もまた胸の毛について離れない。

脂毛《しもう》が「もうおまえはわしの手の中にある。これからおまえを餌食《えじき》にする」と言うと、王子は笑って、

「おまえはわたしの武器がすべて尽きたように思うかも知れないが、まだわたしには金剛《こんごう》の武器が残っている。おまえがもしわたしを飲み込めば、わたしの武器はおまえの腹の中からおまえを突き破るであろう」と答えた。

そこで脂毛《しもう》は王子の勇気にくじけて尋ねた。

「どうしてそんなことができるのか」

「真理の力によって」と王子は答えた。そこで脂毛《しもう》は王子を離し、かえって王子の教えを受けて、悪事から遠ざかるようになった。

十二、おのれに恥じず、他にも恥じないのは、世の中を乱し、おのれに恥じ、他にも恥じるのは世の中を守る。まことに、自ら省みて、わが身を恥じ、人の有様を見ておのれに恥じるのは、尊いことといわなければならない。

懺悔《さんげ》の心が起これば、もはや罪は罪でなくなるが、懺悔《さんげ》の心がないならば、罪は永久に罪として、その人を苛《さいな》む。

正しい教えを聞いて、いくたびもその味わいを念《おも》い、これを修め習うことによって、教えが身につく。念《おも》うことと修めることとがなければ、耳で聞いても身につけることはできない。

信と慚《ざん》と愧《き》と努力と*智慧《ちえ》とは、道を修めるための大きな力である。このうち、*智慧《ちえ》の力が主であって、他の四つは、従の力である。

道を修めるのに、雑事にとらわれ、雑談にふけり、眠りを貪《むさぼ》るのは、さとりの道から退く原因である。

十三、同じく道を修めても、先にさとる者もあれば、後にさとる者もある。だから、他人が道を得たのを見て、自分がまだ道を得ていないことを悲しむには及ばない。弓を学ぶのに、最初に当たることが少なくても、学び続けていればついには当たるようになる。また、川は流れ流れてついには海に入るように、道を修めてやめることがなければ、必ずさとりは得られる。

眼を開けば、どこにでも教えはある。同様に、さとりへの機縁も、どこにでも現れている。

香をたいて香気《こうき》が流れたときに、その香気《こうき》があるのでもなく、ないのでもなく、行くのでもなく、来るのでもないさまを知って、さとりに入った人もある。

道を歩いて足に棘《とげ》が刺さった疼《うず》きの中から、疼《うず》きを覚えるのは、もともと定まった心があるのではなく、縁に触れていろいろの心となるのであって、同じ一つの心も、乱せば醜《みにく》い*煩悩《ぼんのう》となり、修めれば美しいさとりとなることを知って、さとりに入った人もある。

欲の盛んな人が、自分の欲の心を考え、欲の薪《たきぎ》がいつしか*智慧《ちえ》の火となるものであることを知って、ついにはさとりに入った例もある。

「心を平らにせよ。心が平らになれば、世界の大地もみなことごとく平らになる」という教えを聞いて、この世のさまざまな区別は心の見方によるものであると考えて、さとりに入った人もある。まことにさとりの縁には限りがない。

第三節　信仰の道

一、仏《ほとけ》と*法（教え）と僧（*教団）に帰依《きえ》する者を、仏教《ぶっきょう》の信者という。また、仏教《ぶっきょう》の信者は、次に説く戒と信と布施《ふせ》と*智慧《ちえ》とを持っている。

生きものの命を取らず、盗みをなさず、不貞《ふてい》をはたらかず、偽りを言わず、酒を飲まない、この五つを守るのが信者の戒である。

仏《ほとけ》の*智慧《ちえ》を信じるのが信者の信であり、貪《むさぼ》りやもの惜しみする心を離れて、常に他人への施しを好むのが信者の布施《ふせ》である。さらに、因果《いんが》の道理を知り、ものみなうつり変わる道理を知るのが、信者の*智慧《ちえ》である。

東に傾いている木は、いつ倒れても必ず東に倒れるように、いつも仏《ほとけ》の教えに耳を傾けている信心のあつい者は、いつ、どのように命を終わっても、*涅槃《ねはん》に赴《おもむ》くことが定まっている。

二、いま、仏教《ぶっきょう》の信者とは、仏《ほとけ》と*法（教え）と僧（*教団）とを信じる者をいう。

仏《ほとけ》とはさとりを開いて、人びとを恵み救う人をいう。教えとは、その仏《ほとけ》が説かれた教えをいう。*教団とは、その教えによって正しく修行する和合の集団をいう。

仏《ほとけ》と教えと*教団の三つは、三つでありながら、離れた三つではない。仏《ほとけ》は教えに現れ、教えは*教団に実現されるから、三つはそのまま一つである。

だから、教えと*教団を信じることは、そのまま仏《ほとけ》を信じることであり、仏《ほとけ》を信じれば、おのずから教えと*教団とを信じることになる。

したがって、すべての人は、ただ仏《ほとけ》を信じること一つによって救われ、またさとりが得られる。仏《ほとけ》はすべての人を、自分のひとり子のように愛するから、人もまた子が母を思うように、仏《ほとけ》を信じれば、仏《ほとけ》の救いが得られる。

仏《ほとけ》を念じる者は、常に仏《ほとけ》の光明に包まれ、また自然に仏《ほとけ》の香気《こうき》に染まる。

三、世に仏《ほとけ》を信じることほど大きな利益《りやく》をもたらすものはない。もしただ一度だけでも仏《ほとけ》の名を聞いて、信じ喜ぶならば、この上ない大きな利益《りやく》を得たものといわなければならない。

だから、たとえこの世界に炎が満ちていたとしても、それを通り越して、仏《ほとけ》の教えを聞いて信じ喜ばなければならない。

まことに、仏《ほとけ》に会うことは難しく、その教えを説く人に会うことも難しく、その教えを信じることはさらに難しい。

いま、会い難いこの教えを説く人に会い、聞き難いこの教えを聞くことができたのであるから、仏《ほとけ》を信じ喜ばなければならない。
四、信こそはまことに人の善き伴侶《はんりょ》であり、この世の旅路の糧《かて》であり、この上ない富《とみ》である。
信は仏《ほとけ》の教えを受けて、あらゆる*功徳《くどく》を受けとる清らかな手である。

信は火である。人びとの心の汚れを焼き清め、同じ道に入らせ、その上、仏《ほとけ》の道に進もうとする人びとを燃えたたせるからである。

信は人の心を豊かにし、貪《むさぼ》りの思いをなくし、驕《おご》る心を取り去って、へりくだり敬《うやま》うことを教える。こうして、*智慧《ちえ》は輝き、行いは清らかになり、困難に負けず、外界にとらわれず、誘惑に負けない、強い力が与えられる。

信は、道が長く退屈なときに励ましとなり、さとりに導く。

信は、常に仏《ほとけ》の前にいるという思いを人に与え、仏《ほとけ》に抱《いだ》かれているという思いを与え、身も心も柔らかにし、人びとによく親しみなじむ徳を与える。

五、この信のあるものは、耳に聞こえるどんな声でも、仏《ほとけ》の教えとして味わい喜ぶ*智慧《ちえ》が得られ、どんなできごとでも、すべてみな因と縁によって現れたものであることを知って、素直にこれを受け入れる*智慧《ちえ》が得られる。

かりそめのたわごとにすぎないこの世のできごとの中にも永久に変わらないまことのあることを知って、栄枯盛衰《えいこせいすい》の変わりにも、驚かず悲しまない*智慧《ちえ》が得られる。

信には、懺悔《さんげ》と、随喜《ずいき》と、祈願《きがん》の三つのすがたが現れてくる。

深くおのれを省みて、自分の罪と汚れを自覚し、懺悔《さんげ》する。他人の善いことを見るとわがことのように喜んで、その人のために*功徳《くどく》を願う心が起こる。またいつも仏《ほとけ》とともにおり、仏《ほとけ》とともに行動し、仏《ほとけ》とともに生活することを願うのである。

この信じる心は、誠の心であり、深い心であり、仏《ほとけ》の力によって*仏《ほとけ》の国に導かれることを願う心である。

だから、すべての所でたたえられる仏《ほとけ》の名を聞いて、信じ喜ぶ心がひとたびでも起これば、仏《ほとけ》は真心こめて力を与え、その人を*仏《ほとけ》の国に導き、ふたたび迷いを重ねることのない身の上にするのである。

六、仏《ほとけ》を信じるこの心は、人びとの心の底に横たわっている*仏性《ぶっしょう》の現れである。なぜかといえば、仏《ほとけ》を知るものは仏《ほとけ》であり、仏《ほとけ》を信じるものは仏《ほとけ》でなければならないからである。

しかし、たとえ*仏性《ぶっしょう》があっても、*煩悩《ぼんのう》の泥《どろ》の底深く沈んでいては、成仏《じょうぶつ》の芽を吹き出し、花開くことはできないはずである。貪《むさぼ》り・瞋《いか》りの*煩悩《ぼんのう》の逆巻く中に、どうして仏《ほとけ》に向かう清い心が起こるであろうか。

エーランダ（伊蘭《いらん》）という毒樹の林には、エーランダの芽だけが吹き出して、チャンダナ（栴檀《せんだん》）の香木は生えることはない。エーランダの林にチャンダナが生えたならば、これはまことに不思議である。

いま人びとの胸のうちに、仏《ほとけ》に向かい、仏《ほとけ》を信じる心が生じたのも、これと同じく不思議なことといわなければならない。

だから、人びとの仏《ほとけ》を信じる心を無根《むこん》の信という。無根《むこん》というのは、人びとの心の中には信の生え出る根はないが、仏《ほとけ》の*慈悲《じひ》の心の中には、信の根があることをいうのである。

七、信はこのように尊く、まことに道のもとであり*功徳《くどく》の母であるが、それにもかかわらず、この信が道を求める人にも完全に得られないのは、次の五つの疑いが妨げているからである。

一つには、仏《ほとけ》の*智慧《ちえ》を疑うこと。

二つには、教えの道理に惑うこと。

三つには、教えを説く人びとに疑いを持つこと。

四つには、求道《ぐどう》の道にしばしば迷いを生じること。

五つには、慢心といらだつ思いから、同じく道を求める人びとに対して疑いを持つこと。

まことに世に疑いほど恐ろしいものはない。疑いは隔《へだ》てる心であり、仲を裂《さ》く毒であり、互いの生命を損なう刃《やいば》であり、互いの心を苦しめる棘《とげ》である。

だから信を得た者は、遠い昔に仏《ほとけ》の*慈悲《じひ》によって、すでにその*因縁《いんねん》が植えつけられていたものであることを知らなければならない。

人の胸の中にひそむ疑いの闇《やみ》を破って、信の光をさし入れる仏《ほとけ》の手のあることを知らなければならない。

信を得て、遠い昔に仏《ほとけ》から与えられた深い*因縁《いんねん》を喜び、仏《ほとけ》の*慈悲《じひ》を喜ぶ者は、*仏《ほとけ》の国に生まれることができるのである。

まことに、人に生まれることは難《かた》く、教えを聞くことも難《かた》く、信を得ることはさらに難い。だから、努め励んで、教えを聞かなければならない。

第四節　仏《ほとけ》のことば

一、わたしをののしった、わたしを害した、わたしに勝った、わたしから奪ったと思う者には、怨《うら》みは鎮《しず》まることがない。

怨《うら》みは怨《うら》みによって鎮《しず》まらない。怨《うら》みを忘れて、はじめて怨《うら》みは鎮《しず》まる。これが永遠の真理である。

屋根のふき方の悪い家に雨が漏るように、よく修めていない心に貪《むさぼ》りのおもいがさしこむ。

努め励むのは不死の道、怠《おこた》るのは死の道である。努め励む人は死を超え、怠《おこた》る人は死者のようである。

矢師が、矢を矯《た》めてまっすぐにするように、賢い人は、ざわめき、制し難《がた》い心を正しくする。

心は抑え難《がた》く、軽々しく、欲するがままに赴《おもむ》く。この心をととのえてこそ、安らぎが得られる。

憎しみを抱《いだ》く人のなす悪よりも、怨《うら》みを抱《いだ》く人のなす悪よりも、この心は、人に悪をなす。

心は見きわめ難《がた》く、とても微妙で、欲するままに赴《おもむ》く。この心を守る人には、まことの安らぎが得られる。

二、ことばだけ美しくて、実行が伴わないのは、色あって香りのない花のようなものである。

花の香りは、風に逆らっては流れない。しかし、善い人の香りは、風に逆らって世に流れる。

眠れぬ人に夜は長く、疲れた者に道は遠い。正しい教えを知らない人に生死《しょうじ》の道のりは長い。

道を行くには、おのれにひとしい人、またはまさった人と行くがよい。愚かな人とならば、ひとり行く方がまさっている。

これはわが子、これはわが財宝と考えて、愚かな者は苦しむ。おのれさえ、おのれのものでないのに、どうして子と財宝とがおのれのものであろうか。

愚かにして自己の愚かさを知る者は賢者《けんじゃ》である。愚かにして賢いと思う者は愚者《ぐしゃ》である。

愚かな人は賢者《けんじゃ》と交わっても、ちょうどスプーンがスープの味を知らないように、賢《けん》者《じゃ》の示す教えを知ることができない。

新しい乳が容易に固まらないように、悪い行いもすぐにはその報《むく》いを示さないが、灰に覆《おお》われた火のように、くすぶりながらその人につきまとう。

愚かな人は分不相応な名誉を求める。上席を得たい、権利を得たい、利益を得たいと、欲求や慢心が高まり、苦しむ。

過ちを示し、悪を責め、足らないところを告げる人には、宝のありかを示す人につき従うように、つき従うべきである。つき従うならば、善いことがあり、悪いことがない。

猛獣《もうじゅう》は恐れなくとも、悪友は恐れなくてはならない。猛獣《もうじゅう》はただ人の身を引き裂《さ》くにすぎないが、悪友は人の心を引き裂《さ》くからである。

三、教えを喜ぶ人は、心が澄んで、快く眠ることができる。賢者《けんじゃ》はその教えを常に楽しむ。

溝つくりが水を導き、矢師が矢を矯《た》めてまっすぐにし、大工が木をまっすぐに削るように、賢者《けんじゃ》は自ら心をととのえ導く。

堅い岩が風に揺るがないように、賢者《けんじゃ》はそしられてもほめられても心を動かさない。

戦場において百万の敵に勝つよりも、自己に勝つものこそ、最上の勝利者である。

最上の教えを知らないで、百年生きるよりも、最上の教えを聞いて、一日生きる方がはるかにすぐれている。

どんな人でも、もしまことに自分を愛するならば、よく自分を守れ。初夜《しょや》・中夜《ちゅうや》・後夜《ごや》のうちのひと時だけでも、よく気をつけよ。

世は常に燃えている。貪《むさぼ》りと瞋《いか》りと愚かさの火に燃えている。この火の宅《いえ》から、一刻も早く逃げ出さなければならない。

この世はまことに水泡《あわ》のようなものである。だから、人はそれぞれの尊い心を守らなければならない。

四、いかなる悪をもなさず、あらゆる善をなし、おのおの心を清くする、それが仏《ほとけ》たちの教えである。

耐え忍ぶことは、成し難い修行の一つである。他人を害したり、悩ませてはならない。

怨《うら》みを抱《いだ》く人びとの中にあって怨《うら》みなく、愁《うれ》いを抱《かか》える人びとの中にあって愁《うれ》いなく、貪《むさぼ》る人びとの中にあって貪《むさぼ》りなく、一つの物にさえ執着《しゅうじゃく》することなく、喜びを糧《かて》にして安らかに生きていこう。

病のないのは最上の利、足るを知るのは最上の富《とみ》、信頼あるのは最上の親しみ、心の安らぎは最上の楽しみである。

憂《う》き世《よ》を離れて生きる味わい、寂《しず》けさの味わい、教えの喜びの味わい、これらを味わう者には恐れも罪もない。

心に好悪《こうお》を起こして執着《しゅうじゃく》してはならない。好むこと、嫌うことから憂《うれ》いや恐れが起こる。

五、鉄の錆《さび》が鉄からでて鉄をむしばむように、悪は人から出て人をむしばむ。

読誦《どくじゅ》なきは聖典《せいてん》の垢《あか》、修理なきは家の垢《あか》、無精なるは容貌《ようぼう》の垢《あか》、怠惰《たいだ》なるは見張り番の垢《あか》。行いが正しくないのは人の垢《あか》、もの惜しみは施しの垢《あか》、悪はこの世と後の世の垢《あか》である。しかし、これらの垢《あか》よりもひどい垢《あか》は*無明《むみょう》の垢《あか》である。この垢《あか》を落とさなければ、人は清らかになることはできない。

恥じる心なく、烏《からす》のようにあつかましく、他人を傷つけて省みるところのない人の生き方は、容易い。

謙遜《けんそん》の心があり、敬《うやま》いを知り、執着《しゅうじゃく》を離れ、清らかに行い、*智慧《ちえ》明らかな人の生き方は、難しい。

他人の過ちは見つけやすく、おのれの過ちは見つけ難い。他人の過ちは籾殻《もみがら》のように四方に吹き散らすが、おのれの過ちは、賭博師《とばくし》が賽《さい》の目《め》を隠すように隠したがる。

空には鳥や煙や嵐の跡なく、外面《がいめん》を気にかけては修行者になれず、すべてのものには永遠ということがない。そして、さとりの人には動揺がない。

六、内も外も、堅固《けんご》に城を守るように、おのれを守らなければならない。そのためには、ひとときも空しく過ごしてはならない。

おのれこそはおのれの主《あるじ》、おのれこそはおのれの頼りである。だから、何よりもまずおのれをととのえなければならない。

おのれをととのえることは、あらゆる束縛《そくばく》を断ち切るはじめである。

日は昼に輝き、月は夜照らす。道を求める人は、静かに考えて輝く。しかし、さとりの人はつねに威光《いこう》をもって昼夜に輝く。

眼と耳と鼻と舌と身の、五官《ごかん》の戸口を守らず、外界に惹《ひ》かれる人は、道を修める人ではない。五官《ごかん》の戸口をかたく守って、心静かな人が、道を修める人である。

七、執着《しゅうじゃく》があれば、それに酔わされて、ものの姿をよく見ることができない。執着《しゅうじゃく》を離れると、ものの姿をよく知ることができる。

悲しみがあれば喜びがあり、喜びがあれば悲しみがある。悲しみも喜びも超え、善も悪も超え、はじめてとらわれがなくなる。

まだこない未来にあこがれて、とりこし苦労をしたり、過ぎ去った日の影を追って悔いていれば、刈り取られた葦《あし》のように瘦《や》せしぼむ。

過ぎ去った日のことは悔いず、まだこない未来にはあこがれず、とりこし苦労をせず、現在を大切にふみしめてゆけば、身も心も健《すこ》やかになる。

過去は追ってはならない。未来は待ってはならない。ただ現在の一瞬だけを、強く生きなければならない。

今日すべきことを明日に延ばさず、確かにしていくことこそ、よい一日を生きる道である。

信は人のよき友、*智慧《ちえ》は人のよき導き手である。さとりの光を求めて、苦しみの闇《やみ》を免れるようにしなければならない。

信は最上の富《とみ》、誠は最上の味、*功徳《くどく》を積むのは、この世の最上の営みである。教えの示すとおりに身と心とを修めて、安らかさを得よ。

信はこの世の旅の糧《かて》、*功徳《くどく》は人の貴い住みか、*智慧《ちえ》はこの世の光、正しい思いは夜の守りである。汚れのない人の生活は滅びず、欲に打ち勝ってこそ、自由の人といわれる。

ものみなうつり変わり、生滅《しょうめつ》するものなり。生滅《しょうめつ》するものが、滅し終わり、静まるところこそ、安楽である。

第 四 部

THE BROTHERHOOD
な　か　ま

第一章　人のつとめ

第一節　*出家《しゅっけ》の生活

一、わたしの弟子になろうとするものは、家を捨て、世間を捨て、財を捨てなければならない。教えを人びとに分け与える者こそがわたしの後継者であり、*出家者《しゅっけしゃ》とよばれる。

たとえ、わたしの衣《ころも》の裾《すそ》をとって後ろに従い、わたしの足跡を踏んでいても、欲に心が乱れているならば、その人はわたしから遠い。たとえ、姿は*出家者《しゅっけしゃ》であっても、その人は教えを見ていない。教えを見ない者は、わたしを見ないからである。

たとえ、わたしから離れること何千里であっても、心が正しく静かであり、欲を離れているなら、その人はわたしのすぐそばにいる。なぜかというと、その人は教えを見ており、教えを見る者は、わたしを見るからである。

二、*出家者《しゅっけしゃ》は次の四つの条件を生活の基礎としなければならない。

一つには捨てられた布をつづり合わせた衣を用いなければならない。二つには托鉢《たくはつ》によって食を得なければならない。三つには木の下、石の上を住みかとしなければならない。四つには牛の尿から作った薬（陳棄薬《ちんきやく》）のみを薬として用いなければならない。

このような生活をするのは、他人に脅《おびや》かされたためでもなく、他人に誘われ欺《あざむ》かれたためでもない。そこには迷いを離れる道があるという*仏《ほとけ》の教えを信じたからなのである。

このように*出家《しゅっけ》していながら、しかも欲を離れず、瞋《いか》りに心を乱され、五官《ごかん》を守ることができないとしたら、まことにふがいないことである。

三、自ら*出家者《しゅっけしゃ》であると信じ、人に問われてもわたしは*出家者《しゅっけしゃ》であると答える者は、次のように言うことができるに違いない。

「わたしは*出家者《しゅっけしゃ》としてしなければならないことは必ず守る。この*出家《しゅっけ》のまことをもって、わたしに施しをする人に大きな*功徳《くどく》を得させ、同時に、わたし自身の*出家《しゅっけ》した目的を果たすことになろう」と。

さて、*出家者《しゅっけしゃ》がしなければならないこととは何であるか。慚《ざん》と愧《き》をそなえ、身と口と意《こころ》による三つの行為と生活を清め、よく五つの感官《かんかん》と意《こころ》を守って、享楽《きょうらく》に心を奪われない。また、自分をたたえず、他人をそしらず、怠《なま》けて眠りにふけることがない。

昼や夕方には静坐《せいざ》や歩行をし、夜半《よわ》には右わきを下に、足と足とを重ね、起きるときのことをよく考えて静かに眠り、明け方にはまた静坐《せいざ》したり歩行したりする。

また日常生活においても常に正しい心でなければならない。閑《しず》かなところを選んで座を占め、身と心とをまっすぐにし、貪《むさぼ》り、瞋《いか》り、愚かさ、眠け、心の浮つき、悔い、疑いを離れて心を清めなければならない。

このように心を統一して、すぐれた*智慧《ちえ》を起こし、*煩悩《ぼんのう》を断ち切って、ひたすらさとりに向かうのである。

四、もし*出家《しゅっけ》の身でありながら、貪《むさぼ》りを捨てず、瞋《いか》りを離れず、怨《うら》み、そねみ、うぬぼれ、たぶらかし、といった過ちを覆《おお》い隠すことをやめないなら、ちょうど両刃《もろは》の剣が衣を着ているようなものである。

僧衣《そうい》を着ているから*出家者《しゅっけしゃ》なのではなく、托鉢《たくはつ》しているから*出家者《しゅっけしゃ》なのでもなく、経を誦《よ》んでいるから*出家者《しゅっけしゃ》なのでもない。それはただ外形が*出家者《しゅっけしゃ》であるだけのことである。

形がととのっても、*煩悩《ぼんのう》をなくすことはできない。赤子に僧衣《そうい》を着せても*出家者《しゅっけしゃ》とよぶことはできない。

心を正しく統一し、*智慧《ちえ》を明らかにし、*煩悩《ぼんのう》をなくして、ひたすらさとりに向かう*出家《しゅっけ》本来の道を歩む者でなければ、まことの*出家者《しゅっけしゃ》とはよばれない。

たとえ血は涸《か》れ、骨は砕《くだ》けても、努力を加え、至るべきところへ至らなければならないと決心し、努め励んだならば、ついには*出家《しゅっけ》の目的を果たすことができる。

五、*出家《しゅっけ》の道は、また、教えを伝えることである。すべての人びとに教えを説き、眠っている人の目を覚まさせ、邪見《じゃけん》の人の心を正しくし、身命《しんみょう》を惜しまず、教えを広めなければならない。

しかし、この教えを説くことは容易でない。だから、教えを説くことを志す者は、みな仏《ほとけ》の衣を着、仏《ほとけ》の座に坐《すわ》り、仏《ほとけ》の室《へや》に入って説かなければならない。

仏《ほとけ》の衣を着るとは、柔和《にゅうわ》であって、忍ぶ心を持つことである。仏《ほとけ》の座に坐《すわ》るとは、すべてのものを*空《くう》と見て、執着《しゅうじゃく》を持たないことである。仏《ほとけ》の室《へや》に入るとは、すべての人に対して*大慈悲《だいじひ》の心を抱《いだ》くことである。

六、またこの教えを説こうと思う者は、次の四つのことに心をとどめなければならない。第一にはその身の行いについて、第二にはそのことばについて、第三にはその願いについて、第四にはその大悲《だいひ》についてである。

第一に、教えを説く者は、忍耐の大地に住し、柔和《にゅうわ》であって荒々しくなく、すべては*空《くう》であって善悪のはからいを起こすべきものでもなく、また執着《しゅうじゃく》すべきものでもないと考え、ここに心のすわりを置いて、身の行いを荒々しくしてはならない。

第二には、さまざまな境遇の相手に心をくばって、権勢ある者や邪悪な生活をする者に近づかないようにし、また異性に親しまない。閑《しず》かなところにあって心を修め、すべては*因縁《いんねん》によって起こると考え、ここに心のすわりを置いて、他人を侮《あなど》らず、軽んぜず、他人の過ちを言いふらさないようにしなければならない。

第三には、仏《ほとけ》と同様に*慈悲《じひ》の心を最大に発揮し、道を求めることを知らない人びとには、必ず教えを聞くことができるようになってほしいと心に願い、その願いに従って努力しなければならない。

第四には、自分の心を安らかに保ち、仏《ほとけ》に向かっては慈父《じふ》と仰《あお》ぎ、道を修める人に対しては師と仰《あお》ぎ、すべての人びとに対しては大悲《だいひ》の思いを起こし、平等に教えを説かなければならない。

第二節　信者の道

一、仏教《ぶっきょう》を信じる在家者《ざいけしゃ》とは、三宝《さんぼう》、すなわち、仏《ほとけ》と*法（教え）と僧（*教団）を信じる者のことであるということは、すでに説いた。

だから、仏教《ぶっきょう》を信じる在家者《ざいけしゃ》は、仏《ほとけ》と教えと*教団に対して、揺らぐことのない信を抱《いだ》き、仏《ほとけ》が定めた信者としての戒を守らなければならない。

在家者《ざいけしゃ》としての戒とは、生きものの命を取らず、盗まず、よこしまな愛欲にふけらず、偽りを言わず、酒を飲まないことである。

在家者《ざいけしゃ》はこの三宝《さんぽう》に対する信と、在家者《ざいけしゃ》としての戒を保つとともに、他人にもこの信と戒を得させるようにしなければならない。親戚《しんせき》、友人、知人の間に同信の人をつくるように努めなければならない。そうすることによって彼らもまた仏《ほとけ》の*慈悲《じひ》に浴することができる。

三宝《さんぽう》に対する信を持ち、在家《ざいけ》としての戒を守る。在家《ざいけ》の生活の中にあっても、愛着に縛られないようにしなければならない。

父母ともついには別れなければならない。家族ともついには離れなければならない。

この世もついには去らなければならない。別れなければならないもの、去らなければならないものに心を縛られず、別離のない安らぎの世界に心を寄せなければならない。

二、仏《ほとけ》の教えを聞いて、信が篤《あつ》く、退くことがなければ、喜びは自然にわき起こる。この境地に入れば、何ごとにも光を認め、喜びを見いだしてゆくことができる。

その心は清く柔らかに、常に耐え忍んで、争いを好まず、人びとを悩まさず、仏《ほとけ》と教えと*教団を思うから、喜びは自然にわきいで、光はどこにでも見いだされる。

信じることによって仏《ほとけ》と一体になり、私《わたし》という思いを離れているから、私《わたし》のものを貪《むさぼ》らず、したがって、生活に恐れがなく、そしられることを厭《いと》わない。

*仏《ほとけ》の国に生まれることを信じているから死を恐れない。教えの真実と尊さを信じているから、人びとの前に出ても、恐れることなく自分の信じるところを言うことができる。

また、*慈悲《じひ》を心のもととするから、すべての人に対して好悪《こうお》がなく、心が正しく清らかであるから、進んであらゆる善を修める。

また、順境《じゅんきょう》の時も逆境《ぎゃっきょう》の時も信仰を増し、恥を知り、教えを敬《うやま》い、言ったとおりに行い、行うとおりに言い、ことばと行いとが一致し、明らかな*智慧《ちえ》をもってものを見、心は山のように動かず、ますますさとりへの道に進むことを願う。

また、どんなできごとに出会っても、仏《ほとけ》の心を心のもととして人びとを導き、濁《にご》った世の中にも、汚れた人びとの間にも交わって、その人びとが善を行うように尽くすのである。

三、だから、だれでもまず自ら教えを聞くことを願わなければならない。

だれかが「この燃えさかる火の中へ入れば教えが得られる」と言うなら、その火の中に入る覚悟を持たなければならない。

世界に満ちた火の中に分け入って仏《ほとけ》の名を聞くことは、まことにその人の救いだからである。

このようにして自ら教えを得て、広く施し、敬《うやま》うべき人を敬《うやま》い、仕えるべき人に仕え、深い*慈悲《じひ》の心をもって他人に向かわなければならない。利己的であったり、思うままにふるまったりするのは、道を行う人の行いではない。

このようにして教えを聞き、教えを信じ、他人をうらやまず、他人のことばに迷うことなく、自分のすることとやしないことについて省みることが肝心であり、他人のすることとやしないことを心にかけてはならない。何よりも自分の心を修めることが大切なのである。

仏《ほとけ》を信じない人は、自分のことだけを思いわずらうから、心が狭く小さく、いつも焦《あせ》るのである。しかし、仏《ほとけ》を信じる人は、背後の力、背後の大悲《だいひ》を信じるから、自然に心が広く大きくなり、焦《あせ》らない。

四、また、教えを聞く人は、もとよりその身を*無常《むじょう》なものと見、苦しみの集まるものと見、悪の源と見るから、その身に執着《しゅうじゃく》しない。

しかしまた、その身を大切に養うことを怠《おこた》らない。それは楽しみを貪《むさほ》るためではなく、道を得、道を伝えるためである。

身を守らなければ生命を保つことができず、生命を保つことができなければ、教えを受けて行うことも、また教えを広く伝えることもできない。

河を渡ろうとする者がよく筏《いかだ》を守り、旅をする人がよく馬を守るように、教えを聞く人はその身を大切に守らなければならない。

ただし仏《ほとけ》を信じる者は、衣服を着るにも、虚飾《きょしょく》のためではなく、ただ羞恥《しゅうち》のためにし、寒さ暑さを防ぐためにしなければならない。

食物《たべもの》をとるにも、楽しみのためではなく、身をささえ養って、教えを受け、教えを説くためにしなければならない。

家に住むにも同じく、虚栄《きょえい》のためではなく、その身のためにしなければならない。さとりの家に住み、*煩悩《ぼんのう》の賊を防ぎ、誤った教えの風雨を避けるためと思わなければならない。

このように、何ごとも身のためにするのではなく、他人に対しても驕《おご》らず、たださとりのため、教えのため、他人のためと思ってしなければならない。

だから、教えを聞く人は、家にあって家族と一緒にいても、その心はわずかな間でさえも教えを離れない。そして*慈悲《じひ》の心をもって家族に接し、あらゆる手立てを尽くして彼らに救いの道を教えるのである。

五、またこの仏教《ぶっきょう》*教団の在家者《ざいけしゃ》には、日常、父母に仕え、家族に仕え、自分に仕え、仏《ほとけ》に仕えるいろいろな心がけがある。

すなわち、父母に仕えるときには、一切の生きとし生けるものを守り養って、永く平安を得ようと思い、家族と一緒にいるときには、愛着の牢獄《ろうごく》から抜け出そうと思わなければならない。

音楽を聞いているときには、教えを聞く楽しみを得ようと思い、室《へや》にいるときには、賢者《けんじゃ》の境地に入って永く汚れを離れようと思わなければならない。

また、たまたま他人に施しをするときには、すべてを施して貪《むさぼ》る心をなくそうと思い、集いの中にあるときには、仏《ほとけ》のもとにたどり着こうと思い、災難にあったときには、どんなことにも動揺しない心を得ようと願わなければならない。

また、仏《ほとけ》に帰依《きえ》するときには、人びととともに大いなる仏の教えを体得《たいとく》して、道を求める心を起こそうと願い、

教えに帰依《きえ》するときには、人びととともに深く教えの蔵に入って、海のように大きい智慧《ちえ》*を得ようと願い、

教団*に帰依《きえ》するときには、人びととともに大衆を導いて、すべての障害を除こうと願うがよい。

また、衣服を着るときは、善根《ぜんごん》と慚愧《ざんき》を衣服とすることを忘れず、

大小便をするときは、心の貪《むさぼ》りと瞋《いか》りと愚かさの汚れを除こうと願い、

高みに昇る道を見ては、無上の道を昇って迷いの世界を超えようと思い、低きに下る道を見ては、優しくへり下って奥深い教えへ入ろうと願うがよい。

また、橋を見ては、教えの橋を作って人を渡そうと願い、
なげき悲しむ人を見ては、うつり変わって常なきものをなげく心を起こし、
欲を楽しむ人を見ては、幻の生活を離れてまことのさとりを得ようと願い、
おいしい食物《たべもの》を得ては、節約を知り、欲を少なくして執着《しゅうじゃく》を離れようと願い、まずい食物《たべもの》を得ては、永く世間の欲を遠ざけようと願うがよい。
また夏の暑さの激しいときは、*煩悩《ぼんのう》の熱を離れて涼しいさとりの味わいを得たいと願い、冬の寒さの厳しいときは、仏《ほとけ》の大悲《だいひ》の温かさを願うがよい。
経を誦《よ》むときには、すべての教えを保って忘れないようにと願い、
仏《ほとけ》を思っては、仏《ほとけ》のようなすぐれた眼《まなこ》を得たいと願い、
夜眠るときは、身と口と意《こころ》のはたらきを休めて心を清めようと願い、朝目覚めては、何ごとにも気のつくようになろうと願うがよい。

六、また仏教《ぶっきょう》を信じる者は、すべてのもののありのままの姿、「*空《くう》」の教えを知っているから、世間のすべてのできごとをそのまま受け入れ、それをさとりの道にかなうようにする。

人間の世界のことは迷いで意味がないが、さとりの世界のことは尊い、というように二つに分けることなく、世間のすべてのできごとの中にさとりの道を味わうようにする。

*無明《むみょう》に覆《おお》われた眼で見れば、世間は意味のない間違ったものとなるであろうが、*智《ち》慧《え》をもって明らかにながめると、そのままがさとりの世界になる。

意味のないものと意味のあるものとの二つがあるのでなく、善いものと悪いものとの二つがあるのでもない。二つに分けるのは人のはからいである。

はからいを離れた*智慧《ちえ》をもって照らせば、すべてはみな尊い意味を持つものとなる。

七、仏教《ぶっきょう》を信じる者は、このようにして、仏《ほとけ》を信じ、その信の心をもって世の中のことを尊く味わうが、またその心をもって、身をへり下らせて他人に仕える。

だから、仏教《ぶっきょう》を信じる者には驕《おご》る心がない。そして、謙虚《けんきょ》な心、他人に仕える心、大地のようにすべてを載《の》せる心、すべてに仕えて厭《いと》わない心が起こる。また、すべての苦しみを忍ぶ心、怠《おこた》りのない心、すべての貧しい人びとに自らが得た*功徳《くどく》を施す心も起こる。

このように、人びとの貧しい心を哀《あわ》れみ、すべての人びとの慈母《じぼ》となってその心を育てようとする心は、そのまま、すべての人びとを父母のように敬《うやま》い、自分の尊い善き師として崇《あが》める心である。

だから、仏教《ぶっきょう》を信じる者に対して、たとえ、百千の人びとが怨《うら》みを起こし、敵視《てきし》し、害を加えようとしても、その心のままに成し遂げることはできない。例えば、どのような毒でも、大海の水を損ない汚すことができないようなものである。

八、仏教《ぶっきょう》を信じる者は、また、省みておのれの幸せを喜び、この仏《ほとけ》を信じる心は仏《ほとけ》の力によるものであり、仏《ほとけ》のたまものであると感謝する。

また*煩悩《ぼんのう》の泥《どろ》の中には、信仰心の種はないのであるが、仏《ほとけ》の*慈悲《じひ》のゆえにこの泥《どろ》の中に信仰心の種が植えつけられて、仏《ほとけ》を信じる心となったことを、明らかに知る。

さきに説いたように、エーランダ（伊蘭《いらん》）という毒樹の林に、チャンダナ（栴檀《せんだん》）の香木の芽が生えるはずはなく、*煩悩《ぼんのう》の胸の中に、仏《ほとけ》を信じる種が芽生えるはずはない。

しかし、いま仏《ほとけ》を信じる種は芽生えて、歓喜《かんぎ》の花が*煩悩《ぼんのう》の胸の中に開いている。それは、その根が*煩悩《ぼんのう》の胸の中ではなく、仏《ほとけ》の胸の中にあるからである。

仏《ほとけ》を信じる者も、私《わたし》という思いに立つときは、貪《むさぼ》りと瞋《いか》りと愚かさの心から、他人をそねみ、ねたみ、憎み、損なったりする。しかし仏《ほとけ》の*慈悲《じひ》の心に帰ると、人びとを救う仏《ほとけ》の仕事をするようになる。これはまことに、不可思議《ふかしぎ》といわなければならない。

第三節　生活の指針

一、災いが内からわくことを知らず、東や西の方角から来るように思うのは愚かである。内を修めないで外を守ろうとするのは誤りである。

朝早く起きて口をすすぎ、顔を洗い、東・西・南・北・上・下の六方を拝んで、災いが入らぬように門を守り、その日一日の幸せを願うのは、世の人のなすところである。

しかし、仏《ほとけ》の教えにおいては、これと異なり、正しく意義のある六方に向かって尊敬を払い、賢明に善い行いをして、災いを防ぐのである。

この六方を守るには、まず四つの行いの汚れを捨て、四つの悪い心を押しとどめ、家や財産を傾ける六つの門をふさがなければならない。

この四つの行いの汚れとは、殺生《せっしょう》と盗みとよこしまな愛欲と偽りである。四つの悪い心とは、貪《むさぼ》りと瞋《いか》りと愚かさと恐れである。家や財産を傾ける六つの門とは、酒を飲んでふまじめになること、夜ふかしして遊びまわること、音楽や芝居におぼれること、賭《かけ》事《ごと》にふけること、悪い友だちと交わること、それに仕事を怠《なま》けることである。

この四つの行いの汚れを捨て、四つの悪い心を押しとどめ、家や財産を傾ける六つの門をふさいで、それからまことの六方を拝むのである。

このまことの六方とは何かというと、東方は親子の道、南方は師弟の道、西方は夫婦の道、北方は友人の道、下方は主従の道、そして、上方は教えを説く者に奉仕する道である。

まず、東方の親子の道とは、子は父母に対して五つのことをする。父母を養い、父母のために働き、家系を守り、家督を相続し、祖先に対して供物を捧《ささ》げることである。

これに対して、親は子に五つのことをする。それは悪行から遠ざけ、善行をすすめ、知恵・技能を学ばせ、結婚させ、適当な時期に家督を譲ることである。互いにこの五つを守れば、東方の親子の道は平和であり、憂《うれ》いがない。

次に南方の師弟の道とは、弟子は師に対し、座を立って迎え、よく近くで仕え、熱心に聴聞し、*供養《くよう》を怠《おこた》らず、慎《つつし》んで教えを受ける。

それと同時に、師はまた弟子に対して、自ら身を正して指導し、自ら学び得たところをすべて正しく授け、よく会得したことを忘れないようにさせ、引き立てて名を上げさせるようにし、どこにあっても利益《りやく》と尊敬が受けられるようにする。こうして南方の師弟の道は平和であり、憂《うれ》いがない。

次に西方の夫婦の道とは、互いに尊敬と、礼節と、貞操《ていそう》とをもって接し、すべての仕事をよく処理し、親族たちを適切に待遇し、家の財産を守り、家庭がうまくいくようにする。これによって西方の夫婦の道は平和であり、憂《うれ》いがない。

次に北方の友人の道とは、相手の足らないものを施し、優しいことばで語り、利益をはかり、常に相手を思いやり、正直に対処する。

また友人が悪い方に流されないように務め、万一そのような場合にはその財産を守ってやり、また心配のあるときには相談相手になり、逆境《ぎゃっきょう》の時は助けの手をのばし、必要な場合にはその家族を養うこともする。このようにして北方の友人の道は平和であり、憂《うれ》いがない。

次に下方の主従の道とは、主人は使用人に対して次の五つを守る。その力に応じて仕事をさせる。よい食物《たべもの》と給与を与える。病気の時は親切に看病する。美味《おい》しいものは分かち与える。適当な時に休養させる。

これに対して使用人は、主人に対して五つの心得をもって仕える。朝は主人よりも早く起き、夜は主人よりも遅く眠る。何ごとにも正直であり、仕事にはよく熟練する。そして主人の名誉を傷つけないよう心がける。こうして下方の主従の道は平和であり、憂《うれ》いがない。

次に上方の教えを説く者に奉仕する道とは、その教えを授ける師に対し、身も口も意《こころ》もともに情《なさ》けに満ち、丁寧にその師を迎え、その教えを聞いて守り、*供養《くよう》することである。

これに対して、教えを説く者は、悪行から遠ざけ、善行をすすめ、善い心をもって慈《いつく》しみ、人の道を説き、よく教えを理解させ、人をして平安の境地に入らせるようにしなければならない。このようにして、上方の教えを説く者に奉仕する道は平和であり、憂《うれ》いがない。

このように六方を拝むというのは、六方の方角を拝んで災いを避けようとすることではない。人としての六方を守って、内からわいてくる災いを、自ら防ぎとめることである。

二、人は親しむべき友と、親しむべきでない友とを、見分けなければならない。親しむべきでない友とは、貪《むさぼ》りの深い人、ことばの巧みな人、へつらう人、浪費する人である。

親しむべき友とは、ほんとうに助けになる人、苦楽をともにする人、忠言を惜しまない人、同情心の深い人である。

ふまじめにならないように注意を与え、陰に回って心配をし、災難にあった時には慰《なぐさ》め、必要な時に助力を惜しまず、秘密をあばかず、常に正しい方へ導いてくれる人は、親しみ仕えるべき友である。

このような友を得ることは容易ではないが、また、自分もこのような友になるように心がけなければならない。よい人は、その正しい行いゆえに、世間において、太陽のように輝く。

三、父母の大恩は、どのように努めても報《むく》いきれない。例えば百年の間、右の肩に父をのせ、左の肩に母をのせて歩いても、報《むく》いることはできない。

また、百年の間、日夜に父母の身体《からだ》に香油を塗り、その身体《からだ》を洗うなど、あらゆる孝《きょう》養《よう》を尽くしても、または父母を王者の位に昇らせるほどに、努め励んで、父母をして栄華を得させても、なおこの大恩に報《むく》いきることはできない。

しかし、もし父母を導いて仏《ほとけ》の教えを信じさせ、誤った道を捨てて正しい道にかえらせ、貪《むさぼ》りを捨てて施しを喜ぶようにすることができれば、はじめてその大恩に報《むく》いることができるのである。あるいはむしろ、それ以上であるとさえいえよう。

四、家庭は心と心がもっとも近く触れあって住むところであるから、むつみあえば花園のように美しいが、もし心と心の調和を失うと、激しい波風を起こして、破滅をもたらすものである。

この場合、他人のことは言わず、まず自ら自分の心を守って正しい道を踏み外してはならない。

五、昔、ひとりの信仰厚い青年がいた。父親が死んで、母親とともに親ひとり子ひとりの親しい生活を送っていたが、新たに妻を迎えて三人の暮らしとなった。

初めは互いにむつみあい、平和な美しい家庭であったが、ふとしたことから母と妻との心持ちに行き違いが起こり、波風が立ち始めると、容易には治まらず、ついに母は、若い二人を後に、家を離れることとなった。

母が別居すると、やがて若い妻に男の子が生まれた。「姑《しゅうとめ》と一緒にいる間は、口やかましいので、めでたいこともなかったが、別居をすると、こうしてめでたいことができた」と、妻が言ったという噂《うわさ》が、さびしいひとり暮らしの母の耳に入った。

母は大変腹を立てて叫んだ。「世の中には正しさというものがなくなった。母を追い出して、それでめでたいことがあるならば、世の中は逆さまだ」

母は、「この上は、正しさの弔《とむら》いをしなければ」とわめき立て、正気を失ったように墓場へ出かけた。

このことを知ったインドラ神（帝釈天《たいしゃくてん》）は、すぐに母の前に現れて、ことの次第を尋ね、いろいろに諭《さと》したけれども、母の心の角は折れない。

インドラ神はついに、「それではおまえの気のすむように、これから憎い嫁と孫を焼き殺してやろう。それでよいであろう」と言った。

このインドラ神のことばに驚いた母は、自分の間違っていた心の罪をわびて、嫁と孫の助命を願った。息子も妻もまたこのときには、いままでの心得違いを反省し、母を訪ねて、この墓場へ来る途中であった。インドラ神は母と妻とを和解させて、平和な家庭にかえらせた。

自ら正しさを捨てない限り、正しさは永久に滅びない。正しさがなくなるのは、正しさそのものがなくなるのではなく、その人の心の正しさが失われるからである。

心と心の食い違いは、まことに恐ろしい不幸をもたらすものである。わずかの誤解も、ついには大きな災いとなる。家庭の生活において、このことは特に注意をしなければならない。

六、人はだれでもその家計を維持することについては、もっぱら蟻《あり》のように励み、蜜《みつ》蜂《ばち》のように努めなければならない。いたずらに他人の力をたのみ、その施しを待ってはならない。

また努め励んで得た富《とみ》は、自分ひとりのものと考えて自分ひとりのために費やしてはならない。その幾分かは他人のためにこれを分かち、その幾分かは蓄《たくわ》えて不時の用にそなえ、また社会のため、教えのために用いられることを喜ばなければならない。

一つとして、「わがもの」というものはない。すべてはみな、ただ*因縁《いんねん》によって、自分にきたものであり、しばらく預かっているだけのことである。だから、一つのものでも、大切にして粗末にしてはならない。

七、アーナンダ（阿難《あなん》）が、ウダヤナ王の妃《きさき》、シャマヴァティーから、五百着の衣を*供養《くよう》されたとき、アーナンダはこれを快く受け入れた。

王はこれを聞いて、もしやアーナンダが貪《むさぼ》りの心から受けたのではないかと疑った。王はアーナンダを訪ねて聞いた。

「尊者は、五百着の衣を一度に受けてどうしますか」

アーナンダは答えた。「大王よ、多くの比丘《びく》は破れた衣を着ているので、彼らにこの衣を分けてあげます」「それでは破れた衣はどうしますか」「破れた衣で敷布を作ります」「古い敷布は」「枕《まくら》の袋に」「古い枕《まくら》の袋は」「床の敷物に使います」「古い敷物は」「足ふきを作ります」「古い足ふきはどうしますか」「雑巾《ぞうきん》にします」「古い雑巾《ぞうきん》は」「大王よ、わたしどもはその雑巾《ぞうきん》を細々《こまごま》に裂き、泥《どろ》に合わせて、家を造るとき、壁の中に入れます」

ものは大切に使わなければならない。生かして使わなければならない。これがわがものではない、預かりものの用い方である。

八、夫婦の道は、ただ都合によって一緒になったのではなく、また身体《からだ》が同じ場所に住むだけで果たされるものでもない。夫婦はともに、一つの教えによって心を養うようにしなければならない。

かつて夫婦の鑑《かがみ》とほめたたえられたある老夫婦は、世尊《せそん》のところに赴《おもむ》いて、こう言った。「世尊《せそん》よ、わたしどもは幼少の時から互いに知りあい、夫婦になりましたが、いままで心のどの隅《すみ》にも、貞操《ていそう》のくもりを宿したことはありません。この世において、このように夫婦として一生を過ごしたように、後の世にも、夫婦として相まみえることができるように教えて戴《いただ》きたい」

世尊《せそん》は答えられた。「二人ともに信仰を同じくするがよい。一つの教えを受けて、同じように心を養い、同じように施しをし、*智慧《ちえ》を同じくすれば、後の世にもまた、同じく一つの心で生きることができるであろう」

九、さとりの道においては、男女の区別はない。男性も女性も道を求める心を起こせば、「さとりを求める者」といわれる。

プラセーナジット（波斯匿《はしのく》）王の王女、アヨーディヤー国の王妃、シュリーマーラー（勝鬘《しょうまん》）夫人《ぶにん》は、このさとりを求める者であって、深く世尊《せそん》の教えに帰依《きえ》し、世尊《せそん》の前において、次の十の誓いを立てた。

「世尊《せそん》よ、わたしは、今からさとりに至るまで、（一）受けた戒を犯しません。（二）目上の方々を侮《あなど》りません。（三）あらゆる人びとに怒りを起こしません。（四）人の姿や形、持ち物に、ねたみ心を起こしません。（五）もの惜しみする心を起こしません。（六）自分のために財物をたくわえず、受けたものはみな貧しい人びとに与えて、幸せにしてあげます。（七）施しや、優しいことばや、他人に利益《りやく》を与える行いや、他人の身になって考えてあげることをしても、それを自分のためにせず、汚れなく、あくことなく、さまたげのない心で、すべての人びとを救いとります。（八）もし孤独の者や、牢獄《ろうごく》につながれている者、または病に悩む者など、さまざまな苦しみにある人びとを見たならば、すぐに彼らを安らかにしてあげるために、道理を説き聞かせ、その苦しみから救いとります。（九）もし生きものを捕らえ、それを飼うなど、さまざまな戒を犯す人を見たならば、わたしの力の続く限り、懲らしめるべきは懲らしめ、諭《さと》すべきものは諭《さと》して、それらの悪い行いをやめさせます。（十）わたしが得た正しい教えを決して忘れません。正しい教えを忘れる者は、すべてにゆきわたるまことの教えから離れてしまうため、さとりの岸にゆくことができないからです。

わたしはまた、この不幸な人びとを哀《あわ》れみ救うために、さらに三つの願いを立てます。（一）わたしはこのまことの願いをもって、あらゆる人びとを安らかにします。そして、その*功徳によって、どんな生を受けても、そこで正しい教えの*智慧《ちえ》を得るでありましょう。(二) 正しい教えの*智慧《ちえ》を得たうえは、あくことなく、人びとに説いて聞かせます。(三) 得たところの正しい教えは、身体《からだ》と生命と財産を投げ捨てて、必ず守ります」

家庭の真の意義は、相たずさえて道に進むところにある。この道に進む心を起こして、このシュリーマーラー夫人《ぶにん》のように大きな願いを持つならば、まことに、すぐれた仏《ほとけ》の弟子となるであろう。

第二章　仏国土《ぶっこくど》の建設

第一節　むつみあうなかま

一、広い暗黒の荒野がある。何の光もささない。そこには無数の生物がうようよしている。

しかも暗黒のために互いに知ることがなく、めいめいひとりぼっちで、寂しさにおののきながらうごめいている。いかにも哀れな有様である。

そこへ急に光がさしてきた。すぐれた人が不意に現れ、手に大きなたいまつをふりかざしている。真暗闇《まっくらやみ》の荒野が瞬時《しゅんじ》に明るくなった。

すると、今まで闇《やみ》を探《さぐ》ってうごめいていた生物が立ち上がってあたりを見渡し、まわりに自分と同じものが沢山いることに気がつき、驚いて喜びの声をあげながら、互いに走り寄って抱きあい、にぎやかに語りあい喜びあった。

いまこの荒野というのは人生、暗黒というのは正しい*智慧《ちえ》の光のないことである。心に*智慧《ちえ》の光のないものは、互いに会っても知りあい和合することを知らないために、独《ひと》り生まれ独《ひと》り死ぬ。ひとりぼっちである。ただ意味もなく動き回り、寂しさにおののくことは当然である。

「すぐれた人がたいまつを掲げて現れた」とは、仏《ほとけ》が*智慧《ちえ》の光をかざして、人びとの前に現れたことである。

この光に照らされて、人びとは、はじめておのれを知ると同時に他人を見つけ、驚き喜んでここにはじめて和合の団体が生まれる。

二、だから正しい教えは、実にこの地上に、美しいまことの団体を作り出す根本の力であって、互いに見いだす光であるとともに、人びとの心の凹凸《おうとつ》を平らにして、和合させる力でもある。

このまことの団体は、このように教えを根本の力とするから、*教団といい得る。

そしてすべての人は、みなその心をこの教えによって養わなければならないから、*教団は道理としては、地上のあらゆる人間を含むが、実際には、同信の人たちの団体である。

三、この団体は、教えを説いて在家《ざいけ》に施す者と、彼らに対して衣食を施す者からなる。両者相まって、*教団を維持し拡張し、教えが久しく伝わるように努めなければならない。

それで、*教団の人は和合を旨とし、その*教団の使命を果たすように心がけなければならない。*出家者《しゅっけしゃ》は在家者《ざいけしゃ》を教え、在家者《ざいけしゃ》は教えを受け、教えを信じるのであり、したがって両者に和合があり得るのである。

互いに和《やわ》らぎ睦《むつ》みあって争うことなく、同信の人とともに住む幸せを喜び、慈《いつく》しみ交わり、人びとの心と一つになるように努めなければならない。

四、ここに*教団和合の六つの原則がある。第一に、*慈悲《じひ》のことばを語り、第二に、*慈悲《じひ》の行いをなし、第三に、*慈悲《じひ》の意《こころ》を守り、第四に、得たものは互いに分かちあい、第五に、同じ清らかな戒を保ち、第六に、互いに正しい見方を持つ。

このうち、正しい見方が中心となって、他の五つを包むのである。

また次に、*教団を栄えさせる修行僧のための二種の七原則がある。

一つ目の七原則とは次のようなものである。

（一）しばしば相集まって教えを語りあう。

（二）互いに相和《あいわ》して敬《うやま》う。

（三）教えをあがめ尊んで、みだりにこれをあらためない。

（四）長幼相交わるとき礼をもってする。

（五）心を守って正直と敬《うやま》いを旨とする。

（六）閑《しず》かなところにあって行いを清め、人を先にし、自分を後にして道に従う。

（七）人びとを慈《いつく》しみ、来るものを厚くもてなして、病めるものは大事に看護する。

この七つを守れば、*教団は衰えない。

二つ目の七原則とは次のようなものである。

（一）雑用を楽しまないし、またそれを好んでしない。

（二）無駄《むだ》なおしゃべりを楽しまないし、またそれにふけらない。

（三）過度な睡眠を貪《むさぼ》らないし、またそれを楽しまない。

（四）好んで人と交わることをしないし、またそれを楽しまない。

（五）悪い欲望を持たないし、またそれに支配されない。

（六）悪い友人や仲間を持たない。

（七）修行の途中の境地に満足せず、最後までやり通す。

この七つを守れば、*教団は衰えない。

五、前にも言ったように、*教団は和合を生命《いのち》とするものであり、和合のない*教団は*教団ではないから、不和の生じないよう、生じた場合は、速やかにその不和を除き去るように努めなければならない。

血は血によって清められるものではなく、怨《うら》みは怨《うら》みによって鎮《しず》まるものではない。怨《うら》みを忘れることによって、はじめて怨《うら》みは鎮《しず》まる。

六、昔、ディーギーティ（長災《ちょうさい》）という王がいた。戦いを好む隣国のブラフマダッタ王に国を奪われ、妃《きさき》と王子とともに隠れているうちに、敵に捕らえられたが、王子だけは幸いにして逃れることができた。

王が刑場の露と消える日、王子は父の命を救う機会をねらったが、ついにその折もなく、無念に泣いて父の哀れな姿を見守っていた。

王は王子を見つけて、「長く見てはならない。短く見てはならない。怨《うら》みは怨《うら》みを忘れることによってのみ鎮《しず》まる」と、ひとり言のようにつぶやいた。

この後、王子はただいちずに復讐《ふくしゅう》の道をたどった。機会を得て王家にやとわれ、王に接近してその信任を得るに至った。

ある日、王は猟《りょう》に出たが、王子は今日こそ目的を果たさなければならないと、ひそかに謀《はか》って王を軍勢から引き離し、ただひとり王について山中を駆け回った。王はまったく疲れはてて、信任しているこの青年のひざをまくらに、しばしまどろんだ。

いまこそ時が来たと王子は刀を抜いて王の首に当てたが、その刹那《せつな》、父の臨終《りんじゅう》のことばが思い出されて、いくたびか刺そうとしたが刺せずにいるうちに、王は突然目を覚まし、いまディーギーティ王の王子に首を刺されようとしている恐ろしい夢を見たと言う。

王子は王を押さえて刀を振りあげ、「今こそ長年の怨《うら》みを晴らす時が来た」と言って名のりをあげたが、またすぐ刀を捨てて王の前にひざまずいた。

王はディーギーティ王の臨終《りんじゅう》のことばを聞いて大いに感動し、ここに互いに罪をわびて許しあい、王子にはもとの国を返すことになり、その後長く両国は親睦《しんぼく》を続けた。

ここに「長く見てはならない」というのは、怨《うら》みを長く続かせるなということである。「短く見てはならない」というのは、友情を破るのに急ぐなということである。怨《うら》みはもとより怨《うら》みによって鎮《しず》まるものではなく、怨《うら》みを忘れることによって、はじめて怨《うら》みは鎮《しず》まる。

和合の*教団においては、終始この物語の精神を味わうことが必要である。

それは*教団ばかりではない。世間の生活においても、このことはまた同様である。

第二節　*仏《ほとけ》の国

一、*教団が和合を旨として、その教えの宣布《せんぷ》という使命を忘れないときには、*教団は次第にその規模が大きくなり、教えが広まってゆく。

ここに教えが広まるというのは、修養に努める人が多くなってゆくことであり、いままでこの世の中を支配した*無明《むみょう》と渇愛《かつあい》の魔王が率いる貪《むさぼ》りと瞋《いか》りと愚かさの魔軍が退いてここに*智慧《ちえ》と光明と信仰と歓喜《かんぎ》が、その支配権を握ることになる。

悪魔の領土は欲であり、闇《やみ》であり、争いであり、剣であり、血であり、戦いである。そねみ、ねたみ、憎しみ、欺《あざむ》き、へつらい、おもねり、隠し、そしることである。

いまそこに、*智慧《ちえ》の光明が輝き、*慈悲《じひ》の雨が潤《うるお》し、信仰の根が張り、歓喜《かんぎ》の花が開き、悪魔の領土は、一瞬にして*仏《ほとけ》の国になる。

さわやかなそよ風や、一輪の花が春の来たことを告げるように、ひとりがさとりを開けば、草木国土、山河大地、ことごとくみな*仏《ほとけ》の国となる。

なぜならば、心が清ければ、そのいるところもまた清いからである。

二、教えの広まっている世界では、人びとの心が素直になる。これはまことに、あくことのない大悲《だいひ》によって、常に人びとを照らし守るところの仏《ほとけ》の心に触れて、汚れた心も清められるからである。

この素直な心は、同時に深い心、道にかなう心、施す心、戒を守る心、忍ぶ心、励む心、静かな心、*智慧《ちえ》の心、*慈悲《じひ》の心となり、また*方便《ほうべん》をめぐらして、人びとに道を得させる心ともなるから、ここに*仏《ほとけ》の国が、立派にうち建てられる。

まことに、欲にまみれた人によって建てられた御殿は仏《ほとけ》の住所ではない。月の光が漏れこむような粗末な小屋も、素直な心の人を主《あるじ》とすれば、仏《ほとけ》の宿る場所となる。

ひとりの心の上にうち建てられる*仏《ほとけ》の国は、同信の人を呼んでその数を加えてゆく。家庭に村に町に都市に国に、最後には世界に、次第に広がってゆく。

まことに、教えを広めてゆくことは、この*仏《ほとけ》の国を広げてゆくことにほかならない。

三、まことにこの世界は、一方から見れば、悪魔の領土であり、欲の世界であり、血の戦いの場ではあるが、この世界において、仏《ほとけ》のさとりを信じる者は、欲を慈《いつく》しみに代え、この世を悪魔の手から奪い取って、*仏《ほとけ》の国となそうとする。

一つの柄杓《ひしゃく》を取って、大海の水を汲み尽くそうとすることは、容易ではない。しかし、生まれ変わり死に変わり、必ずこの仕事を成し遂げようとするのが、仏《ほとけ》を信じる者の心の願いである。

仏《ほとけ》は*彼岸《ひがん》に立って待っている。*彼岸《ひがん》はさとりの世界であって、永久に、貪《むさぼ》りと瞋《いか》りと愚かさと苦しみと悩みのない国である。そこでは*智慧《ちえ》の光が輝き、*慈悲《じひ》の雨が大地を潤《うるお》している。

この世にあって、悩む者、苦しむ者、悲しむ者、または、教えの宣布《せんぷ》に疲れた者が、ことごとく入って憩《いこ》い休《やす》らうところの国である。それは光の尽きることのない、命の終わることのない*仏《ほとけ》の国であり、そこに生まれる人びとはふたたび迷いに戻ることはない。

まことにこの国は、さとりの楽しみが満ちみち、花の光は*智慧《ちえ》をたたえ、鳥のさえずりも教えを説く国である。まことにすべての人びとが生まれようと願うべきところである。

四、しかし、この国は休息のところではあるが、安逸《あんいつ》のところではない。その花の台《うてな》は、いたずらに安楽に眠る場所ではない。真に働く力を得て、それをたくわえておく場所である。

仏《ほとけ》の仕事は、永遠に終わることを知らない。人のある限り、生物のいる限り、また、それぞれの生物の心がそれぞれの世界を作り出している限り、そのやむときはついにない。

いま仏《ほとけ》の力によって*仏《ほとけ》の国に入った人びとは、再びそれぞれ縁ある世界に帰って、仏《ほとけ》の仕事に参加する。

一つの灯《ともしび》がともると、次々に他の灯《ともしび》に火が移されて、尽きるところがないように、仏《ほとけ》の心の灯《ともしび》も、人びとの灯《ともしび》に次から次へと火を点じて、永遠にその終わるところを知らないであろう。

仏《ほとけ》の讃歌（増支部経典）

比丘《びく》たちよ、ひとりの人のこの世に生まるるは、多くの人の利益《りやく》のため、多くの人の幸せのため、又、世間をあわれむがため、天と人との利益《りやく》と幸せのためなり。そのひとりの人とは誰《たれ》ぞ。

これ如来《にょらい》、応供《おうぐ》、正等覚《しょうとうがく》なり。これこそそのひとりの人なり。

比丘《びく》たちよ、ひとりの人のこの世に現わるるは、難《かた》きことなり。そのひとりの人とは誰《たれ》ぞ。

これ如来《にょらい》、応供《おうぐ》、正等覚《しょうとうがく》なり。これこそそのひとりの人なり。

比丘《びく》たちよ、ひとりの人のこの世に生まるるは、素晴らしき人なり。そのひとりの人とは誰《たれ》ぞ。

これ如来、応供、正等覚なり。これこそそのひとりの人なり。

比丘《びく》たちよ、ひとりの人のこの世を去りて、多くの人の愁《うれ》い嘆くことあり。そのひとりの人とは誰《たれ》ぞ。

これ如来《にょらい》、応供《おうぐ》、正等覚《しょうとうがく》なり。これこそそのひとりの人なり。

比丘《びく》たちよ、ひとりの人のこの世に生まるるは、比ぶべきものなき最上の人の生まるるなり。そのひとりの人とは誰《たれ》ぞ。

これ如来《にょらい》、応供《おうぐ》、正等覚《しょうとうがく》なり。これこそそのひとりの人なり。

比丘《びく》たちよ、ひとりの人のこの世にいづるは、大いなる眼《まなこ》、大いなる明かり、大いなる光の現わるるなり。そのひとりの人とは誰《たれ》ぞ。

これ如来《にょらい》、応供《おうぐ》、正等覚《しょうとうがく》なり。これこそそのひとりの人なり。

（パーリ増支部Ⅰ―一三）

各章節の典拠（よりどころ）

注：本聖典は以下に挙げる典拠に基づいているが、※の箇所は編者による仏意を汲んだ文章が挿入されている。

各章節の典拠（よりどころ）

第一部「ほとけ」

第二部「おしえ」

第三部「はげみ」

第 二 章

第四部「なかま」

付録

一、仏教通史

一、インド

仏教の開祖はガウタマ（パーリ語ではゴータマ）・ブッダ（釈尊《しゃくそん》）と呼ばれ、日本では「お釈迦《しゃか》さま」という名称で親しまれている。ブッダの正確な生没年代は分かっていないが、二千五百年程前と推定され、その生涯は後代の伝承でのみ知ることができる。

最も信頼性が高い伝承に基づくと、現在のネパール・インド国境近く、ガウタマ家一門に生まれたシャーキャ族の王子（後代の資料ではシッダールタと呼ばれる）は、人間だけでなくすべての生きものが生老病死《しょうろうびょうし》の苦しみに苛《さいな》まれている現実に心を痛め、妻と幼い息子を残して出家《しゅっけ》した。そして、六年間もの厳しい修行を行った後にそれを捨て、マガダ国において菩提樹のもと、三十五歳でブッダ（目覚めた者）となった（成道《じょうどう》）。

ブッダのさとりの内容は、縁起《えんぎ》（縁《よ》って起こること）、因果の理《ことわり》とされている。具体的には、無知（無明《むみょう》）に始まり、老いと死に至る十二項目が、それぞれ前の項目が条件となって生起《しょうき》して最後に苦しみの全体が生起《しょうき》し、他方、これら十二項目が同じ順で停止して最後に苦しみの全体が停止するという内容である（十二支縁起《じゅうにしえんぎ》）。

ブッダはその後、ヴァーラーナシーのムリガダーヴァ（鹿野苑《ろくやおん》）で、かつて修行を共にしていた五人の出家者に初めての説法を行う（初転法輪《しょてんぼうりん》）。その中心は「四聖諦《ししょうたい》」、すなわち、聖者が現実・事実（諦《たい》）と認識する、①苦しみ、②苦しみの生起《しょうき》をもたらす渇望、③渇望の停止による苦しみの停止、④苦しみの停止に至る八項目の修行道（八聖道《はっしょうどう》／八正道《はっしょうどう》）の四つを言う。その後、この五人がブッダの最初の弟子となり、仏教教団（サンガ／僧《そう》伽《ぎゃ》）が誕生した。初期の仏教教団は、男性出家者《しゅっけしゃ》（比丘《びく》）のみから成っていたが、後にブッダから承認されて女性出家者《しゅっけしゃ》（比丘尼《びくに》）も加わった。

ブッダは、ガンジス河の中下流域で人々を教化《きょうけ》し、当時の強国であるマガダ国やコーサラ国の王たちからも敬われ、多くの弟子たちに囲まれて八十歳で亡くなった（般涅槃《はつねはん》）。当時のインドでは、すべての生物は無限の過去から無限の未来まで生まれ変わり続ける（輪廻転生《りんねてんしょう》）と信じられていたが、涅槃《ねはん》に入ったブッダは生まれ変わらなかったとされる。

その後、ブッダの直弟子たちは集会を開き、自分たちの記憶に基づいて教えの整理を行った（結集《けつじゅう》）。のち、紀元前三世紀に北インドを統一したアショーカ王は、諸宗教を保護し、とりわけ仏教を尊んだこともあって、仏教はインド各地に伝播《でんぱ》し、中央アジアやスリランカへも広まった。

ブッダが亡くなってから約百年後、仏教教団は上座部《じょうざぶ》と大衆部《だいしゅぶ》とに分裂した。これが根本分裂《こんぽんぶんれつ》と呼ばれている。そして、仏教がインド各地に伝播《でんぱ》するにつれ、遅くとも紀元前後頃までに、仏教教団は十八余りの部派と呼ばれる教団に分裂した。上座部《じょうざぶ》系では、説一切有部《せついっさいうぶ》、法蔵部《ほうぞうぶ》、犢子部《とくしぶ》など、大衆部《だいしゅぶ》系では、説出世部《せつしゅっせぶ》、多聞部《たもんぶ》などがある。これらの部派教団のいくつかは、十三世紀初頭にインドで仏教が衰退するまで存続した。

部派分裂までが初期仏教（あるいは原始仏教）で、それ以後の仏教は、従来は小乗仏教とも呼ばれていたが、これは後に出た大乗《だいじょう》仏教からの蔑称《べっしょう》であるため、近年は部派仏教と呼ばれる。各部派はブッダの教えを忠実に継承しようとしたが、現実には新たな思想発展も生み出した。このうち説一切有部《せついっさいうぶ》は、世界を構成する諸要素（法《ほう》）が過去・現在・未来にわたって存続する（三世実有《さんぜじつう》）と説き、後に大乗《だいじょう》仏教の諸哲学思想が展開する基盤となる体系を構築した。また、上座部《じょうざぶ》は、ブッダの直説に最も近いパーリ語の初期仏典を東南アジアにおいて現在まで伝えている。

初期仏典とは「経《きょう》」と「律《りつ》」の集成（蔵《ぞう》）であり、「経蔵《きょうぞう》」にはブッダや仏弟子たちの教説が収められ、「律《りつ》蔵《ぞう》」にはブッダによって定められた仏教教団の規則が含まれている。後に、ブッダや仏弟子たちの教えの内容を解釈し整理したアビダルマの集成（「論蔵《ろんぞう》」）が加わり、三蔵《さんぞう》が形成される。

ブッダやその直弟子が話していたのは、中期インドアーリヤ語の東インド方言であったと推定されるが、初期仏典は、インド各地に仏教が伝播《でんぱ》する過程でパーリ語・ガンダーラ語・サンスクリット語（梵語《ぼんご》）などで伝承された。

また、複数の部派によって暗唱により（紀元前後頃からは書写によっても）伝承されていく過程で内容的にも変化を蒙《こうむ》った。ただし、三蔵《さんぞう》としての完本が現存する初期仏典はパーリ語のもののみである。

二、大乗《だいじょう》の興起

紀元前後のころ、「大乗《だいじょう》」と呼ばれる新たな波が仏教内に起こった。それは、出家者が自らの修行の完成を目指すのみならず、他者の救済にも力点をおくという大きな変革運動であった。その結果、「大きな乗り物」を標《ひょう》榜《ぼう》する仏教は、ブッダ（仏《ほとけ》）の教えであるばかりでなく、仏《ほとけ》と成りうるという教えとなったといえる。

仏教が歴史的に展開していく過程において、信仰や思想がさらに多様化したのが大乗《だいじょう》仏教に他ならない。信仰の対象は、ブッダ以外にもさまざまな如来《にょらい》（仏《ほとけ》）や菩薩《ぼさつ》たちへと広がり、その姿は仏像や仏画など、造形的に表現されるようになった。ジャータカ（ブッダの前世物語）などにおいて成道《じょうどう》前のブッダの呼称であった「菩薩《ぼさつ》」は、大乗《だいじょう》仏教において修行者の理想像を指すようになり、人びとの救済者とみなされることにもなった。三蔵《さんぞう》とは別にさまざまな大乗《だいじょう》経典が登場し、教えが文字で記されるようになった。また、ナーガールジュナ（龍樹《りゅうじゅ》）によって理論的な基礎が築かれた後、瑜伽行唯識《ゆがぎょうゆいしき》、中観《ちゅうがん》、如来蔵《にょらいぞう》、密教《みっきょう》などの思想的展開を遂げることとなった。

このような大乗《だいじょう》仏教の起源について、さまざまな見解がある。まず、大乗《だいじょう》仏教は大衆部《だいしゅぶ》から発生したと考えられた。しかし、大乗《だいじょう》経典における仏塔崇拝の記述などに基づき、その起源は特定の部派に限定されない在家の信仰集団にあった、という学説が提示された。これに対して、大乗《だいじょう》仏教の担い手は出家者であった、という反論も登場している。そこで考えられているのは、たとえば、都市の近くにある僧院を離れて、阿蘭若《あらんにゃ》と呼ばれる閑静な場で修行した者たち、新たに登場した大乗《だいじょう》経典を読誦《どくじゅ》する者たちなどである。しかし、いずれも定説となってはいない。むしろ、単一の起源からではなく、複雑な要素があいまって同時多発的に発生してきたのが大乗《だいじょう》仏教であろう。信仰・思想・文化の総体としての大乗《だいじょう》仏教は、インドのみならず仏教が伝播《でんぱ》したさまざまな国や地域に大きな影響を与えていった。

三、西《さい》域《いき》

仏教と関わる場合の西域《さいいき》とは、主に西トルキスタンの旧バクトリア、および東トルキスタンのタリム盆地北辺（西域北道《さいいきほくどう》）と南辺（西域南道《さいいきなんどう》）のオアシス都市国家群を指す。二世紀初頭、後漢《ごかん》王朝が西域都護《さいいきとご》を撤退させると、西トルキスタンから西北インドを支配していたクシャーナ朝の勢力がタリム盆地に及び、ガンダーラやバクトリアから仏教が伝わった。シルクロード（絹の道）は「仏教の道」でもあった。

クシャーナ朝は二世紀のカニシカ王に見られるように、異宗教に寛容であり、普遍宗教として異民族へ積極的に伝道する仏教を篤く保護した。クシャーナ朝は、シルクロードを通じて後漢《ごかん》やローマ帝国と密接に結び付いたため、中国の絹を西方に中継輸出し、西方からはヘレニズム文化を受け入れた。そして、それまでタブーであった仏《ほとけ》の姿が仏像としてガンダーラやマトゥラーで造形化され、以後の仏教美術に多大な影響を及ぼした。

初期の漢文仏典の翻訳者はほとんど西域《さいいき》出身者であり、名前から西域《さいいき》での出自が想定できる。安世高《あんせいこう》（?—一七〇）はパルティア（安息国《あんそくこく》）ないしその附属国の王子であり、康僧鎧《こうそうがい》などはソグド人に特徴的な「康《こう》姓」を持っている。それに対して、支婁迦讖《しるかせん》・支謙《しけん》のような「支《し》姓」の訳経僧は、バクトリア（月支《げっし》）出身とみなしてよい。

仏教が西北インドから中国に伝わる橋渡し役をしたのはタリム盆地のオアシス都市国家、カシュガル（疏勒《そろく》）・クチャ（亀茲《きじ》）・カラシャール（焉耆《えんぎ》）・トゥルファン（高昌《こうしょう》）・ヤルカンド（莎車《さしゃ》）・ホータン（于闐《うてん》）・楼蘭《ろうらん》（鄯善《ぜんぜん》）などである。クチャとカラシャールでは、部派仏教の代表的な一派である説一切有部《せついっさいうぶ》が十世紀過ぎまで繁栄した。また楼蘭《ろうらん》で栄えた仏教も部派仏教であった。それに対してホータンでは、最初期に部派仏教が入ったが、三・四世紀以降は西域《さいいき》における大乗《だいじょう》仏教の中心地であった。

クチャ出身の鳩摩羅什《くまらじゅう》（三四四―四一三）は、初め部派仏教の教学を学ぶため罽賓《けいひん》（ガンダーラを含む広義のカシミール地方）に留学、次いで西域《さいいき》各地を遊学し、カシュガルでヤルカンド出身の高僧に師事して大乗《だいじょう》学を修め、クチャに帰国した。その後、クチャを征服した前秦《ぜんしん》の呂光《りょこう》に中国に連行され、漢語に習熟する長い年月を経て、後秦《こうしん》の首都長安《ちょうあん》に迎えられた。そこで国家の庇護を受けて大量の仏典を漢訳し、前期中国仏教史上最大の功労者となった。

楼蘭《ろうらん》の仏教は五世紀に滅びるが、ホータンの大乗《だいじょう》仏教とクチャ・カラシャールの部派仏教、トゥルファン盆地で栄えた大乗《だいじょう》仏教は十世紀頃まで繁栄を続ける。

十世紀以降は、西ウイグル王国でさまざまな仏典がウイグル語に翻訳された。さらに十三世紀以降モンゴル帝国から元朝《げんちょう》時代になると、チベット仏教がウイグル仏教・モンゴル仏教の双方に影響を与える。モンゴル仏教は従来チベット仏教の流れを受け継いでいるとみなされてきたが、歴史的背景と基礎的用語から判断すれば、その源流はウイグル仏教である。

四、中国

中国への仏教伝来は、後漢《ごかん》の明帝《めいてい》の永平十年（六七）に洛陽《らくよう》にやって来たインドの仏僧迦葉摩騰《かしょうまとう》らが、白馬寺《はくばじ》で『四十二章経《しじゅうにしょうきょう》』を訳出したのが最初と言われてきた。ただし、実際には仏教はそれ以前から伝わっていた。

中国仏教の特徴は、漢字の仏教だった点である。西北インドや西域《さいいき》からやって来た僧や在家の仏教徒（居士《こじ》）が、それらの地の言葉で伝えられていた経典を漢文に訳したため、中国人は漢訳経典を通じて仏教を受容した。特に五世紀の初めにクチャから洛陽《らくよう》に来た鳩摩羅什《くまらじゅう》は、『法華経《ほけきょう》』『金剛般若経《こんごうはんにゃきょう》』『維摩経《ゆいまぎょう》』『阿弥陀経《あみだきょう》』『中論《ちゅうろん》』『大智《だいち》度論《どろん》』など、重要な大乗経論《だいじょうきょうろん》を流麗《りゅうれい》な文章で訳出し、大乗《だいじょう》仏教を定着させた。また、『十誦律《じゅうじゅりつ》』その他を訳しており、影響はきわめて大きい。

この時期には、経典や戒律を求めてインドにおもむく中国僧も出てきた。その代表である法顕《ほっけん》（三三七—四二二）は大乗《だいじょう》の「涅槃経《ねはんぎょう》」の古い形を『大般泥洹経《だいはつないおんぎょう》』として訳出し、「仏性《ぶっしょう》」という訳語を生み出した。その少し後になって、インド出身の曇無讖《どんむしん》（三八五—四三三）は増広された『大般涅槃経《だいはつねはんぎょう》』を訳出しており、その中の「一切の衆生《しゅじょう》に悉《ことごと》く仏性《ぶっしょう》有り」（悉有仏性《しつうぶっしょう》）という句は、以後の中国仏教の基調となった。

中国では、部派仏教のアビダルマ論書や大小乗の経論をすべて同じ仏教として受け入れたため、経典が説かれた時期、相手に応じた説法の仕方、教理の深浅などによる分類が試みられた。これを教相判釈《きょうそうはんじゃく》（教判《きょうはん》）という。さまざまな教判《きょうはん》が提唱されたが、仏性《ぶっしょう》を説く「涅槃経《ねはんぎょう》」が涅槃《ねはん》に入る直前の釈尊《しゃくそん》最後の説法であり、最も価値があるとする点はほぼ共通していた。

その後、南北朝時代になって北地では六世紀初めにインドからやって来た菩提流支《ぼだいるし》・勒那摩提《ろくなまだい》が、如来蔵《にょらいぞう》を説く経論や、唯識《ゆいしき》を説く経論を訳出した。その影響を受け、「人々の心こそが大乗《だいじょう》だ」と説く『大乗起信論《だいじょうきしんろん》』が北地で編纂された。一方、南地では西インドから来た真諦《しんだい》（四九九—五六九）が、唯識《ゆいしき》や如来蔵《にょらいぞう》を説く経論を訳出した結果、心の問題が重視されるようになった。『大乗起信論《だいじょうきしんろん》』は南地にもたらされた後、馬鳴《めみょう》造・真諦《しんだい》訳として南北に広まった。

このように仏教が盛んになっていく一方で、仏教に対する批判も伝来当初から盛んだった。問題になったのは、仏教は「孝」を無視しており、親を棄てて出家し、後継ぎを残さないという点であった。出家者は君主に仕えず、税金もおさめないという非難もなされた。仏教側はこれに反発して釈尊《しゃくそん》は親孝行であったことを強調し、その証拠となる経典を作成したりした。また、仏教は道徳を向上させるため、皇帝の治世に役立つといった主張もなされた。孝の強調と仏性《ぶっしょう》説とが結びついた例が、中国で編纂された『梵網経《ぼんもうきょう》』である。『梵網経《ぼんもうきょう》』は、「孝順」こそが「戒《かい》」だと説いており、東アジア諸国における代表的な菩薩戒《ぼさつかい》（大乗戒《だいじょうかい》）の経典となった。

仏教に対する批判は、主に儒教《じゅきょう》や道教《どうきょう》側からなされており、時には仏教を嫌う皇帝による廃仏《はいぶつ》がおこなわれた。特に、五世紀半ばの北魏《ほくぎ》の太武帝《たいぶてい》による廃仏《はいぶつ》と、六世紀半ばすぎの北周《ほくしゅう》の武帝《ぶてい》による廃仏《はいぶつ》が仏教界に与えた影響は大きかった。危機感をいだいた仏教徒たちは、真剣に仏教に打ち込むようになり、六世紀には南北で中国僧を開祖とする実践的な宗派がいくつも生まれた。南地では、三論宗《さんろんしゅう》や天台宗《てんだいしゅう》、北地では禅宗《ぜんしゅう》や三階教《さんがいきょう》などである。禅宗《ぜんしゅう》はインド僧である菩提達磨《ぼだいだるま》を開祖としているが、実質はその弟子の慧可《えか》（四八七―五九三）が果たした役割が大きく、きわめて中国的な性格を持っていた。

南北を統一した隋《ずい》の文帝《ぶんてい》が廃仏《はいぶつ》を改めて仏教を復興させると、仏教は非常に盛んとなった。中でも煬帝《ようだい》に尊崇された智顗《ちぎ》（五三八―五九八）は、南北の教判《きょうはん》や教理を統合し、また種々の禅観《ぜんかん》を止観《しかん》として整理して、『法華《ほけ》経《きょう》』を柱とする壮大な天台《てんだい》教学を打ち立てた。

唐《とう》代になると、老子が皇室の祖先とされたため、道教《どうきょう》が仏教の上に置かれたが、仏教の隆盛にはめざましいものがあった。仏教の原典を求めてインド各地を回ったのち、多数の経論を持って六四五年に帰国した玄奘《げんじょう》（六〇二―六六八）は、サンスクリット原典に忠実に経論を漢訳し、歓迎された。ただ、人々の中には仏《ほとけ》になれない種類の者がいるとする『仏地経論《ぶつじきょうろん》』を玄奘《げんじょう》が訳出すると、悉有仏性《しつうぶっしょう》説の者たちがこれを批判し、激しい論争がまきおこった。唐《とう》代の初めに『華厳経《けごんきょう》』に基づいて成立した華厳宗《けごんしゅう》は、新訳唯識《ゆいしき》説を批判した派の一つであり、すべての存在は融合し合っているとする無礙《むげ》の思想を説き、修行者はそのままで仏《ほとけ》であることを強調した。唐《とう》代には末法《まっぽう》思想も広まっており、阿弥陀仏《あみだぶつ》の誓願《せいがん》をひたすら信じて浄土往生を願う善導《ぜんどう》（六一三―六八一）の浄土教《じょうどきょう》も流行した。唐《とう》代半ばからは、当時インドで盛んになっていた密教《みっきょう》も伝えられた。

ただ、中国仏教の主流となったのは、七世紀後半になって都会に進出するようになった禅宗《ぜんしゅう》である。慧能《えのう》（六三八―七一三）の弟子であった神会《じんね》（六八四―七五八）は、慧能《えのう》を菩提達磨《ぼだいだるま》の法《ほう》を受け継ぐ正統な第六祖とする系譜を確立した。その南宗《なんしゅう》の系譜に属する馬祖道一《ばそどういつ》（七〇九―七八八）は、「即心是仏《そくしんぜぶつ》（心こそが仏《ほとけ》だ）」の立場を強く打ち出し、「平常心《びょうじょうしん》、是《こ》れ道《どう》（作為しない心こそが真理だ）」と主張して多くの弟子を育てた。

禅宗《ぜんしゅう》は、経典の細かい解釈などはせず、戒律に縛られずに「作務《さむ》」と称する労働に励むなど、実践を重視していたため、九世紀半ばの武宗《ぶそう》の廃仏《はいぶつ》（会昌《かいしょう》の廃仏《はいぶつ》）などによって他の宗派が勢いをなくしていくなかで、ひとり生き残り各地に広まっていった。それに対して密教《みっきょう》は、その一部が儀礼に用いられたに留まる。

宋代《そうだい》になると、禅宗《ぜんしゅう》の影響を受けた新しい儒教《じゅきょう》が知識人の支持を得るようになった。また宋《そう》は北方の遊牧民族国家である金《きん》の攻撃を受け、南地に遷都《せんと》せざるを得なかった。そのため、儒教《じゅきょう》の影響が強く、愛国を強調する大慧《だいえ》（一〇八九―一一六三）は、師が与えた公案《こうあん》に必死に取り組んでさとりを得ることを重視する気迫に満ちた禅《ぜん》を提唱し、新たな禅風《ぜんぷう》を築いた。

以後、禅宗《ぜんしゅう》は国家との関係を深めていった。モンゴル人王朝である元《げん》の時代になると、チベット密教《みっきょう》が導入され、また宋代儒教《そうだいじゅきょう》・道教《どうきょう》・仏教の三教一致が強調されるようになり、明代《みんだい》には禅《ぜん》と浄土信仰が融合した禅浄一致《ぜんじょういっち》も盛んになった。明朝《みんちょう》から清朝《しんちょう》にかけて、仏教は次第に低調となっていったが、清末《しんまつ》・中華民国初《みんこくしょ》の時期になって、隋唐《ずいとう》仏教の復興と近代化をめざす改革運動がなされるようになった。

五、日本

日本に仏教が伝来したのは、六世紀の中頃と考えられる。伝播《でんぱ》の上で画期的な出来事は、朝鮮半島の百済《くだら》の聖《せい》明王《めいおう》が、仏像、経論等をもたらしたことであった。やがて明日香《あすか》の地に日本で最初の本格的な寺院である法興寺《ほうこうじ》が創建される。この時代に仏教興隆のために活躍した人物として上宮王《じょうぐうおう》（聖徳太子《しょうとくたいし》）を挙げることができる。また飛鳥《あすか》時代には、百済大寺《くだらだいじ》（後の大安寺《だいあんじ》）や薬師寺《やくしじ》が創建された。奈良時代になると、仏教は国の安泰のために必要な宗教と考えられ、聖武《しょうむ》天皇の時に、国分寺《こくぶんじ》、国分尼寺《こくぶんにじ》が建立され、その総仕上げとして奈良に東大寺《とうだいじ》が創建された。

天平勝宝《てんぴょうしょうほう》五年（七五三）には唐から鑑真《がんじん》が来日した。彼は五回の渡航に失敗しながらも六回目に成功し、それまではなかった具足戒《ぐそくかい》による正式の受戒を日本に伝えた。

これらの時代には、大陸からもたらされた経論が寺院において学ばれたが、まだ「宗《しゅう》」は教理を意味する名称であり、いわゆる南都六宗《なんとろくしゅう》と言われる学問的なものであった。日本は朝鮮半島経由または直接中国の南朝から仏教を受容していたと考えられ、南朝風の仏教、すなわち法会《ほうえ》や学問が重視される傾向があった。

平安時代になると、最澄《さいちょう》（七六六／七六七―八二二）と空海《くうかい》（七七四―八三五）が唐《とう》に渡った。最澄《さいちょう》は還学生《げんがくしょう》（短期留学生）として台州《だいしゅう》（現在の江南地方）を中心に約半年、唐土に滞在し、天台山《てんだいさん》等を訪ね、また当時盛んになりつつあった密教《みっきょう》の初歩的な伝授を受けた。空海《くうかい》は留学生《るがくしょう》（長期留学生）として都の長安《ちょうあん》に入り、青竜寺《せいりゅうじ》の恵果阿闍梨《けいかあじゃり》から金胎両部《こんたいりょうぶ》の密教《みっきょう》を伝授された。

二人は日本に帰国後、それぞれ天台宗《てんだいしゅう》と真言宗《しんごんしゅう》を開いた。両者ともに大陸の仏教の影響をうけつつ、日本的な部分が見られるが、国家を鎮護《ちんご》する役割（鎮護国家《ちんごこっか》の仏教）を担うものとしても各地に広まった。

伝来の仏教が日本的に発展して大きく花開いたのが、院政期《いんせいき》頃から南北朝《なんぼくちょう》の頃までである。仏教界では法会《ほうえ》を中心として僧侶が出世するシステムができあがり、また僧侶世界の階層化が進み、十四世紀頃まで継承された。

一方、院政期《いんせいき》の頃からは、儒教《じゅきょう》の末代《まつだい》や仏教の末法《まっぽう》の思想が流行し、それに合わせて、現実の世界を厭《いと》い、死後には浄土《じょうど》に往生《おうじょう》することを願い求める浄土教《じょうどきょう》が広く受け入れられるようになった。そのなかで空也《くうや》（九〇三―九七二）、源信《げんしん》（九四二―一〇一七）、法然《ほうねん》（一一三三―一二一二）らが重要な役割を果たした。また大陸から菩《ぼ》提達磨《だいだるま》を初祖とする禅宗《ぜんしゅう》が、日本に紹介されるのも、院政期《いんせいき》の後半（十二世紀頃）からである。

日本仏教が大きく花開いたのは、中世の頃である。伝統的な仏教が最高潮を迎えると同時に、僧侶による遁世《とんせい》など新たな営みが生じていた。これは僧侶世界の名聞利養《みょうもんりよう》から逃れることを意味し、出世につながる法会《ほうえ》には出仕しないなどの特徴が見られる。この遁世《とんせい》の僧侶たちは、やがて集団を構成するようになったが、その最初期が天台宗《てんだいしゅう》から登場した法然《ほうねん》である。法然《ほうねん》は、それまで「行《ぎょう》」として受容されていた浄土教《じょうどきょう》を、教学的な「宗《しゅう》」として独立させた。また栄西《えいさい》（一一四一―一二一五）は南宋《なんそう》に渡り、当時盛んであった禅《ぜん》を日本に伝えた。これが日本における禅宗《ぜんしゅう》のはじまりであり、栄西《えいさい》はのちに臨済宗《りんざいしゅう》の祖とされた。それに対して、同じく南宋《なんそう》に渡った道元《どうげん》（一二〇〇―一二五三）は帰国後、黙照禅《もくしょうぜん》の教えを広め、曹洞宗《そうとうしゅう》の祖とされた。道元《どうげん》の門下に大日能忍《だいにちのうにん》が開いた達磨宗《だるましゅう》の一派が合流し、宗派の発展の基が築かれた。

鎌倉時代の十三世紀中葉には、それまでの仏教に加え、浄土教《じょうどきょう》と禅宗《ぜんしゅう》などが一定の勢力となっていた。その新たな勢力としては、親鸞《しんらん》（一一七三―一二六二）や日蓮《にちれん》（一二二二―一二八二）、一遍《いっぺん》（一二三九―一二八九）などが教導した集団が挙げられる。こうして新たな勢力となった仏教集団には、伝統的な仏教に比べたときに、たくさんの法門の中から何かを選ぶ選択性と、だれでも実践できる易行《いぎょう》性に、その特徴を見いだすことができる。たとえば法然《ほうねん》は念仏《ねんぶつ》を唱えることで、親鸞《しんらん》は阿弥陀仏《あみだぶつ》の本願を信じることで、日蓮《にちれん》は題目《だいもく》を唱えることで救われると主張した。

このような新しい救済の方法を提示した集団が勢力を拡大したのが、中世の後半、戦国時代頃からである。戦国時代には、親鸞《しんらん》の教えが蓮如《れんにょ》（一四一五―一四九九）によって大きく普及し、また日蓮《にちれん》の法華宗《ほっけしゅう》も、京都の町衆の信仰を得るようになって勢力を強めた。

江戸時代になると、日本の仏教は、幕府等の為政者の支配下に置かれるようになった。その結果、仏教界に一定の社会的役割を担うことが求められるようになり、十七世紀の前半期、キリシタン禁制の中から生まれた寺請《てらうけ》制度《せいど》は、やがて檀家制度《だんかせいど》を生み出し、日本全国の人々は、寺院にかならず所属することになった。仏教は、日常の戒《いまし》めを重視し、儒教《じゅきょう》、神道《しんとう》、仏教は同じ教えであるといった理解も生まれた。仏教は為政者にとって必要な宗教として位置づけられていた。

これに大きな変化が訪れるのが、明治維新期である。明治新政府は、神仏分離《しんぶつぶんり》を推し進め、社会を教導する理念を神道《しんとう》に求めた。一方、仏教界は、積極的に社会的な役割を果たそうとし、多くの試みが行われた。しかし、後にさまざまな問題も引き起こした。日清や日露の戦争、第一次、第二次の世界大戦時の戦争協力は、その中でも一番大きな問題であろう。

二十世紀の後半からは、東南アジアから心の観察を主とした上座部《じょうざぶ》仏教が紹介され、既存の仏教に影響を与えている。二十一世紀の現在でも檀家制度《だんかせいど》は歴然として生きているが、徐々に崩壊しつつあり、仏教の役割が改めて問われている。一方、地震や津波など、さまざまな災害が相次ぎ、災害時の救援との関わりで、再び民衆との精神的な絆が再確認されつつある。

六、朝　鮮

朝鮮半島に仏教が伝わったのは、中国に仏教が伝来してから、三百年ほどたってのことである。そのころ朝鮮半島は、北部に高句麗《こうくり》、西部に百済《くだら》、東部に新羅《しらぎ》があり、いわゆる三国といわれた時代である。このような地政学的状況のなかで、まず仏教は中国から高句麗《こうくり》に伝えられた(三七二)。中国から前秦王符堅《ぜんしんおうふけん》が高句麗《こうくり》に僧・順道《じゅんどう》を派遣し、仏像と経典を伝えたのである。このとき、どのような仏教が伝来したかは明確ではない。約二年後には僧・阿道《あどう》が請来《しょうらい》された。時の高句麗《こうくり》の国王はこれらの僧のために省門寺《しょうもんじ》と伊弗蘭寺《いぶらんじ》という寺院を建立した。これらの寺院がこの国では初の仏教寺院であったといわれており、まさに朝鮮仏教の基礎が築かれた。

百済《くだら》には、高句麗《こうくり》に仏教が伝わってから十二年後(三八四)、南中国の東晋《とうしん》からインド僧マラナンダが来朝し、宮中に丁重に迎えられ信望された。その後、百四十年ほどのちに出た聖明王《せいめいおう》の時代になると、仏教や政治も非常に栄えたと伝えられる。聖明王《せいめいおう》は、日本の欽明《きんめい》天皇にはじめて仏教を紹介した人物でもある。

百済《くだら》の特徴は国をあげて仏教興隆に力を尽くしたことであり、特に聖明王《せいめいおう》の時代(在位五二三—五五四)に謙益《けんやく》をインドに派遣して戒律を研究させた。謙益《けんやく》は律蔵《りつぞう》を中心とした新しい仏典を持参して帰国するなど、百済《くだら》仏教の新しい発展に大きく貢献した。

新羅《しらぎ》に仏教が伝来したのは、百済《くだら》に遅れること約三十年、訥祇王《とつぎおう》(在位四一七—四五七)の時であった。高句《こうく》麗《り》から墨胡子《ぼくこし》という僧が来て、仏教を伝えたといわれる。しかしその仏教受容は、異国の教えに対する群臣の猛烈な反対に遭い、容易ではなかった。しかし、法興王《ほうこうおう》の時代(在位五一四—五四〇)、異次頓《いじとん》の殉教《じゅんきょう》がきっかけで仏教が公然として国家的に受容された。同王は仏教の興隆をはかり、興輪寺《こうりんじ》などの七寺を次々建立した。のちに新羅《しらぎ》では、元暁《がんぎょう》(六一七—六八六)や義湘《ぎしょう》(六二五—七〇二)という学際的に傑出した人物が輩出した。

高麗《こうらい》の時代(九一八—一三九二)は仏教が国教として定められ、統一新羅《しらぎ》の全盛期の仏教が継承されただけでなく、朝鮮仏教の独創性が花開いた時期だともいえる。華厳《けごん》、天台《てんだい》、禅宗《ぜんしゅう》の発展は特記すべきであり、代表的な仏教者に、義天《ぎてん》(一〇五五—一一〇一)や知納《ちのう》(一一五八—一二一〇)がいる。また、なによりも、モンゴル軍の降伏を願って彫造された「高麗大蔵経《こうらいだいぞうきょう》」の開版《かいはん》は、朝鮮仏教の後世に残る一大事業であった。

李氏朝鮮《りしちょうせん》（一三九二—一九一〇）では、儒教《じゅきょう》を国の根幹としたため、廃仏《はいぶつ》政策を一貫して採用し、仏教は衰退の道をたどった。かろうじて曹渓宗《そうけいしゅう》のみが残ったが、この李氏朝鮮《りしちょうせん》時代はまさに法難《ほうなん》そのものといえる時代であった。

一九一〇年、朝鮮が日本の統治下に置かれると、朝鮮総督府《ちょうせんそうとくふ》による本山・末寺の制度の中に組みこむ寺刹令《じさつれい》（一九一一）が発令され、仏教寺院はその制約を受けることになった。また、明治時代以降の日本仏教の影響により、僧侶の肉食妻帯《にくじきさいたい》が一部に広まったが、今日では多くの僧尼は戒律を厳守する立場を堅持している。一九四五年に第二次世界大戦が終結し、朝鮮の解放とともに信教の自由が認められ、仏教復興運動が展開されている。

七、台湾

この地に仏教が伝わった時期は不明である。仏教寺院が本格的に建立されるのは、台湾を領有していたオランダを駆逐した明朝《みんちょう》の遺臣《いしん》、鄭成功《ていせいこう》（一六二四—一六六二）が活躍した十七世紀の頃からである。彼が拠点とした台南《たいなん》の地や、嘉義《かぎ》、新竹《しんちく》、台北《たいぺい》の地に存在する寺院（台北《たいぺい》の龍山寺《りゅうざんじ》、嘉義《かぎ》の大仙寺《だいせんじ》、台南《たいなん》の竹渓寺《ちくけいじ》）は、ほぼすべて観音菩薩《かんのんぼさつ》をまつる寺院である。

当初、中国大陸から渡ってきた漢民族の間で信仰された仏教には、道教《どうきょう》との習合《しゅうごう》の跡がうかがわれる。また明《みん》代《だい》に大陸で盛んであった在家仏教運動の斎教《さいきょう》が台湾に伝播《でんぱ》し、広まったことも台湾で仏教が盛んになる素地となった。

次に一八九五年以降の日本の支配時代には、台湾全土で仏教拠点が成立した。それらは基隆《きりゅう》の月眉山霊泉寺《がつびざんりょうせんじ》、淡水《たんすい》の観音山凌雲寺《かんのんざんりょううんじ》、苗栗《びょうりつ》の大湖法雲寺《だいこほううんじ》、高雄《たかお》の大崗山超峰寺《だいこうざんちょうほうじ》であった。法雲寺《ほううんじ》と超峰寺《ちょうほうじ》は大陸からの僧侶によって指導されたが、霊泉寺《りょうせんじ》は日本の曹洞宗《そうとうしゅう》、凌雲寺《りょううんじ》は日本の臨済宗《りんざいしゅう》と密接な関係を持ち発展した。台湾の仏教の基本は禅宗《ぜんしゅう》であった。

このような台湾仏教に大きな変革が訪れるのが、第二次世界大戦が終了し、大陸において国共内戦が勃発してからである。大陸に共産党政権が成立すると、多くの高僧が台湾に逃れることとなった。その代表的な人物が印順《いんじゅん》（一九〇六―二〇〇五）である。印順《いんじゅん》は人々の中で活躍する仏教として人間《じんかん》仏教を主張した。彼の主張は、その後の台湾仏教の方向性を決める理論となった。

国共内戦後の戒厳令下《かいげんれいか》、大きな門派集団を築いたのが星雲《せいうん》（一九二七―二〇二三）である。星雲《せいうん》は大陸江蘇省《こうそしょう》出身で一九四九年に台湾に渡り、高雄《たかお》郊外に仏光山《ぶっこうざん》を開いた。同じく大陸から渡来し、台北《たいぺい》を拠点に活動した聖厳《しょうごん》（一九三一―二〇〇九）は基隆《きりゅう》の近くに法鼓山《ほっくさん》を創始した。次に注目されるのが、花蓮《かれん》を中心に活躍している慈済功徳会《じさいくどくかい》である。この会は証厳《しょうごん》（一九三七―）によって指導されており、積極的な社会福祉活動に邁進している。台湾は、仏教がもっとも盛んな地域の一つであると言われる。日本に留学経験のある僧侶も多く、日本仏教との関係も深い。また尼僧《にそう》が圧倒的に多いことも特徴として挙げられる。

八、チベット

チベットへ仏教が伝わったのは七世紀のことである。ソンツェン・ガンポ王がチベット最初の統一王朝である吐蕃《とばん》を興したとき、和平のために唐《とう》から嫁した文成公主《ぶんせいこうしゅ》が釈迦牟尼像《しゃかむにぞう》をもたらしたのが最初とされる。以降、吐《と》蕃《ばん》は唐《とう》とインドから積極的に仏教を取り入れ、六代目ティソン・デツェン王のときに仏教を国教とした。王は国家事業として仏典の翻訳を始め、インドより高僧シャーンタラクシタと密教《みっきょう》行者パドマサンバヴァを招いてサムイェー僧院を建立した。唐《とう》の弱体化によって八世紀末に西域《さいいき》一帯がチベットの支配下に入ると、敦煌《とんこう》より摩訶衍《まかえん》が招かれて禅宗《ぜんしゅう》を広めた。中国の禅宗《ぜんしゅう》を奉じる信徒とインド仏教の信徒の間に争いが起きたため、シャーンタラクシタの弟子カマラシーラを摩訶衍《まかえん》とサムイェー僧院にて論争させ、カマラシーラが勝利したと伝えられる。一方、中国の禅宗《ぜんしゅう》の影響はチベットに根強く残り、カマラシーラは暗殺されたとも言われる。

八四二年、古代王朝が分裂すると、国家が推進する翻訳事業や教団の維持も困難になった。それを復興させたのは地方の王たちであった。十一世紀、西チベットのグゲ・プラン王国はインドの学僧アティーシャを招き、彼は中央チベットに到ってドムトゥンなどのチベット人の弟子を育てた。その系統が後にカダム派と呼ばれるようになる。また、アティーシャは『菩提道燈論《ぼだいどうとうろん》』を著作し、その内容は「菩提《ぼだい》への道の次第」としてチベット仏教の中心的な修行の一つとなった。その時すでにインドでは仏教が衰退しつつあり、北インドやカシミール地方で学んだチベット翻訳僧が伝えた大乗《だいじょう》仏教の中観《ちゅうがん》思想、唯識《ゆいしき》思想、論理学などを吸収したチベット人たちは、自分たちこそ正しい仏教の継承者であるという自覚をもち、僧院での学問体系を構築していった。密教《みっきょう》もさまざまな修行方法にまとめられ、密教《みっきょう》道場が作られた。こうした中でサキャ派、カギュー派、ニンマ派などの宗派ができていった。

十三世紀チベットは、モンゴル族の元朝《げんちょう》の支配を受けるが、体系的な民族の宗教をもたなかったモンゴルの人々を仏教化し、現在の中国青海省《せいかいしょう》、内モンゴル自治区、モンゴル国に及ぶ広大なチベット仏教文化圏を形成していく。チベット大蔵経《だいぞうきょう》も編纂《へんさん》され、ほぼすべての仏典のチベット語訳が完成した。チベットの各宗派はそれを支える有力氏族とともに力をつけ、覇権《はけん》を争うようになった。十五世紀初め、ツォンカパ（一三五七—一四一九）が『菩提道次第論《ぼだいどうしだいろん》』など多くの著作により名声を博し、中観《ちゅうがん》思想を中心とした顕教《けんぎょう》と密教《みっきょう》の教学を打ち立ててゲルク派の開祖となった。民衆の支持を得たゲルク派は勢力を拡大し、これに危機感を抱いたカルマ派が宗派の結束を図るため、転生化身制度《てんしょうけしんせいど》を取り入れる。それに倣《なら》ったゲルク派がダライラマを転生《てんしょう》化身とし、一六四二年チベットの覇権《はけん》を握った。

しかし、ダライ・ラマの求心力が低下し周囲の権力争いが起こるようになると中国・清朝《しんちょう》の介入が強まり、やがてチベットは清朝《しんちょう》とともに欧米列強の脅威にさらされていく。その中でダライ・ラマ十三世（一八七六―一九三三）は仏教を中心とした伝統社会の変革を目指し、近代化を推し進めた。そして、一九一一年辛亥革命《しんがいかくめい》による清朝《しんちょう》崩壊後、独立国であることを世界に訴えた。

一九四九年の中華人民共和国《ちゅうかじんみんきょうわこく》成立によって仏教国家チベットは終焉《しゅうえん》を迎える。その後の動乱によってチベット仏教寺院は壊滅的な打撃を受けた。だが、世界各地に進出したチベット仏教徒と研究者たちによってその知的遺産は守られ、チベット仏教は新たな発展を遂げている。

九、スリランカと東南アジア

スリランカに仏教がもたらされたのは、インドのアショーカ王の在位時（前二六八―前二三二頃）、彼の息子マヒンダによってであったとされる。その後、スリランカでは上座部《じょうざぶ》仏教が発展し、東南アジアの諸王朝へと伝わっていった。

・スリランカ

スリランカでは、王権の保護の下、上座部《じょうざぶ》の仏教が順調に発展し、四世紀までには都であるアヌラーダプラに大寺《だいじ》、無畏山寺《むいせんじ》、祇多林寺《ぎたりんじ》を拠点とした三派が並存していた。三派のうち大寺派《だいじ》では、五世紀前半、学匠ブッダゴーサが『清浄道論《しょうじょうどうろん》』を編纂し、戒《かい》・定《じょう》・慧《え》によって解脱《げだつ》に至る実践思想を体系化した。続いて三蔵《さんぞう》に対する膨大な注釈文献が編纂され、パーリ語こそが三蔵《さんぞう》を伝承するにふさわしい唯一の言語だと主張され、パーリ三蔵《さんぞう》が確定された。大寺派《だいじ》が大乗《だいじょう》経典を仏説として認めなかったのに対し、無畏山寺《むいせんじ》派と祇多林寺《ぎたりんじ》派は『二万五千頌般若経《にまんごせんじゅはんにゃきょう》』『金剛頂経《こんごうちょうきょう》』等の大乗《だいじょう》経典を受容した。

十二世紀にスリランカを統一した王、パラークラマバーフ一世（在位一一五三―一一八六）は、それまで並存していた大寺《だいじ》派と無畏山《むいせん》寺《じ》派と祇多林寺《ぎたりんじ》派を和合させ、大乗《だいじょう》経典を斥《しりぞ》けた。その結果、大乗《だいじょう》仏教はスリランカ史の表舞台から姿を消すこととなる。

・東南アジア諸国

ミャンマーでは、五世紀頃からパーリ語の仏典を伝承する仏教が定着していたが、その後サンスクリット語の仏典を伝える他系統の仏教も伝わっていた。しかし、ビルマ族最初の王朝、パガン朝に代わってミャンマー南部で勃興《ぼっこう》したモン族の王朝、ペグー朝の王、ダンマゼーディ（在位一四七二―一四九二）は、スリランカに出家者を派遣して大寺《だいじ》派の戒統《かいとう》で受戒させ、カルヤーニー戒壇《かいだん》を設置した。その結果、ミャンマーの出家者は大寺《だいじ》派の戒統《かいとう》に属するようになったのである。

東南アジア大陸部で九世紀頃に成立したクメール朝では、ヒンドゥー教や大乗《だいじょう》仏教が広まっており、十二世紀末から十三世紀初頭には大乗《だいじょう》仏教がこの地で最盛期を迎えていた。しかし、十三世紀から十四世紀にかけてその北部・西部に興ったスコータイ朝、アユタヤ朝、ラーンサーン朝などタイ族系の王朝は、みな一様にスリランカから大寺《だいじ》派系の仏教を導入していった。アユタヤ朝は、十五世紀にミャンマーからカルヤーニー戒壇《かいだん》に由来する戒統《かいとう》を招き入れ、十八世紀にはスリランカから長老を招いて、スリランカの大寺《だいじ》派系の仏教を導入した。

このタイの仏教を直接的または間接的に導入したのが、カンボジアとラオスである。カンボジアがアユタヤ朝の圧倒的な影響下に置かれるようになると、大寺《だいじ》派系の仏教が国教としての地位を確立した。十四世紀の中頃にラオスで成立したラーンサーン朝でもカンボジアやタイから大寺《だいじ》派系の長老が招かれ、彼らが伝えた仏教が王朝の保護・支援を受けて繁栄した。

・東南アジア仏教の展開

このように、東南アジア大陸部の各王朝は、次々とスリランカの大寺《だいじ》派系の仏教を導入していった。スリランカからミャンマーへ、そしてミャンマーからタイへ伝えられる一方で、タイやミャンマーからスリランカへ逆輸入もされて、相互交流による発展を続けたのである。

十九世紀に入って、スリランカ、ミャンマーがイギリスの植民地となり、ラオスとカンボジアがフランスの植民地となると、同地の仏教は危機的状況を迎えた。しかし、タイのラーマ四世（一八〇四―一八六八）、スリランカのスマンガラ長老（一八二七―一九一一）、アナガーリカ・ダルマパーラ（一八六四―一九三三）、ビルマのレディ長老（一八四六―一九二三）らにより仏教復興が進められた。各地でパーリ語の仏典やその現代語訳が出版され、復興の過程で生まれた瞑想運動は欧米にも多大な影響を与えつつある。また、ベトナムでは南半分には上座部《じょうざぶ》仏教が、北半分には大乗《だいじょう》仏教が栄えたが、現在では両者が共存し、お互いを修学する伝統が生まれている。ベトナムの仏教者としては世界中で活動しているプラムヴィレッジという組織を作ったティク・ナット・ハン師（一九二六―二〇二二）が有名である。

十、西　洋

仏教はその長い歴史を経て、東洋の代表的な宗教となった。西洋でも十四世紀のマルコ・ポーロの旅行記などにより仏教の存在は知られていたが、仏教への改宗者は出なかった。しかし、ついに十九世紀の後半、西洋で「生きた仏教」として広まり始めた。

アメリカでは、「アジアからの移民」と「改宗者」という二種類の仏教徒の登場により「生きた仏教」が始まった。

前者を代表したのは中国人で、一八五三年にはアメリカで最初の寺を建立した。その後五十年の間、十万人を上回る中国人の渡米に伴って、西海岸地域には四百もの寺が建てられた。一八八〇年頃から本格化した日本人移民によって仏教徒の数はさらに増えた。彼らは、寺を「仏教会」と呼び、日系コミュニティの宗教・文化・社交の場として「生きた仏教」の存在を高めた。

一方、改宗者が登場した背景には、神智学協会《しんちがくきょうかい》の存在と万国宗教会議《ばんこくしゅうきょうかいぎ》があった。協会の創立者のヘンリー・オルコットは、一八八〇年スリランカでアメリカ人としては初めての仏教徒となった。また、一八九三年にシカゴで開かれた万国宗教会議《ばんこくしゅうきょうかいぎ》に参加した大半のアメリカ人が、初めて「生きた」仏教徒を目の当たりにしたのである。日本の臨済宗円覚寺《りんざいしゅうえんがくじ》派管長である釈宗演《しゃくそうえん》は、スリランカのダルマパーラなどと共に、雄弁な演説を通して、仏教が科学に矛盾しない現代的な宗教であることを力説した。

その後、アメリカにおける仏教の広まりは一時停滞したものの、一九六〇年代から著しい発展を遂げた。現在ではアジアの主な仏教宗派のすべてがアメリカに渡り、多くの改宗者を生み出しながら発展し続けている。また、仏教徒でなくとも、仏教に何らかの影響を受けている人たちは驚くほどの数となっている。

一方、ヨーロッパでは十九世紀頃から仏教に関心が集まるようになり、アルトゥール・ショーペンハウアーなどの哲学者も思想的影響を受けたと言われている。その頃からサンスクリット語やパーリ語の仏教文献研究がヨーロッパで進められると同時に、仏教思想が根付いたアジア諸国を植民地支配していた影響により「生きた仏教」が直接伝わった。

ヨーロッパでも現在仏教徒の数は増加している。また、アメリカと同様、仏教に興味を持つ人々は仏教徒の数を大きく上回る。現在の西欧における仏教の主流は禅《ぜん》や瞑想であり、仏教徒の大半は、イギリスとフランスとドイツに集中しているが、イタリア、オランダ、スイス、オーストリア、およびデンマークでも増えている。そしてソビエト連邦崩壊後、東欧やロシアにも仏教が普及しつつある。

今日、人々が仏教に惹かれる要因は、マインドフルネスや坐禅という瞑想を中心とする実践によって、現実生活の中で新しい宗教形態を求める人々のニーズに仏教が応えているところにある。仏教は、人間の可能性や個人の理性を重んじる教えとして支持され、欧米の宗教の一つとして定着しつつある。

※仏教通史執筆者　石井公成・榎本文雄・釈悟震・ケネス田中・馬場紀寿・蓑輪顕量・森安孝夫・吉水千鶴子・米澤嘉康（五十音順・敬称略）

二、仏教聖典流伝史

仏教とは、釈尊《しゃくそん》（ブッダ）がさとりを開いた体験を、人びとに説法のかたちで伝えたことばをもとにした宗教である。ゆえに、釈尊《しゃくそん》のことばは仏教では絶対の権威を持つものである。仏教には「八万四千《はちまんしせん》の法門《ほうもん》」があるとされるが、これは釈尊《しゃくそん》の説いた教えが種々きわめて数が多いことを示している。実際に世界には多くの形態の仏教が存在しているが、「仏教」を名乗る以上は釈尊《しゃくそん》の教えから離れたものであってはならない。

釈尊《しゃくそん》は、だれでも正しく理解できるように、平易な日常語で相手の資質に合わせて教えを説かれた。三十五歳でさとりを開いてから八十歳で亡くなるまでの約四十五年間、古代インド文明の中心地であったガンジス河中下流域を遍歴《へんれき》しながら、多くの人びとのために教えを説いた。その内容は、縁起《えんぎ》の理《ことわり》に基づくものの見方、人間が悩みや苦しみから逃れるための方法、心の平安の求め方、人間の平等性などについてであった。

釈尊《しゃくそん》が亡くなられた後の仏教教団は、主要な弟子の一人マハー・カーシャパ（摩訶迦葉《まかかしょう》）が中心となって運営された。弟子たちはそれぞれ自分の耳で聞いた釈尊《しゃくそん》の教えを人びとに伝え、布教に努めていたが、語り伝えられる間には、聞き違いや憶《おぼ》え違いも起こり得る。

そこで釈尊《しゃくそん》の教えを確認し、正しいかたちで後世に伝えるために、長老たちが集まって、教えの整理を行うことになった。これを「結集《けつじゅう》」という。結集《けつじゅう》は何回か行われたが、第一回の結集《けつじゅう》は釈尊《しゃくそん》が亡くなられた直後、マガダ国の都ラージャグリハ（王舎城《おうしゃじょう》）で行われたとされる。ここでは、マハー・カーシャパが座長となり、アーナンダ（阿難《あなん》）とウパーリ（優婆離《うばり》）の二人がそれぞれ教え（経《きょう》）と規則（律《りつ》）を唱え、参加者一同もともに唱えて確認したという。このようにして釈尊《しゃくそん》の教えは口誦《こうしょう》によって確立された。その百年ほど後、戒律の解釈の違いが発端になって、ヴァイシャーリーで第二回結集《けつじゅう》が行われた。この頃に経《きょう》に対する注釈的文献である論《ろん》（アビダルマ）も加わり、ここに経《きょう》・律《りつ》・論《ろん》の三蔵《さんぞう》が整えられていった。さらにアショーカ王の治世（紀元前三世紀）に、パータリプトラで第三回結集《けつじゅう》が行われたといわれている。このような結集《けつじゅう》が近代にいたるまで何度か行われてきたのである。

結集《けつじゅう》には大勢の長老比丘《びく》たちが集まり、各自の聞き伝えてきたことばや教えを誦《とな》え合い、間違っていないかどうか、何か月にもわたって討議した。このことからも、いかに敬虔《けいけん》かつ慎重に、釈尊《しゃくそん》のことばを伝えようとしたかがわかる。こうして整理された教えは、やがて文字によって記録されるようになった。

紀元前一世紀頃、仏教は書写による伝承を導入した。上座部大寺派《じょうざぶだいじは》の伝承によれば、紀元前一世紀頃のスリランカにおいて戦乱や飢饉《ききん》によって僧侶が激減し、教団の維持が困難になっていた。そこで教法の維持のために初めて三蔵《さんぞう》などの書写が行われた。これが第四回結集《けつじゅう》と伝えられる。また、同じ頃に大乗《だいじょう》経典の書写も始まったと考えられる。

部派《ぶは》仏教では、ほとんどすべての部派《ぶは》が独自の三蔵《さんぞう》を保持していた。ただし、経蔵《きょうぞう》は、多くの共通のテキストを収録している。律蔵《りつぞう》は、上座部大寺派《じょうざぶだいじは》のパーリ語をはじめ、説一切有部《せついっさいうぶ》や法蔵部《ほうぞうぶ》、大衆部《だいしゅぶ》などにより、漢訳やチベット語訳で伝えられたものが知られている。一方、論蔵《ろんぞう》は部派《ぶは》の成立後にまとめられたため、各部派《ぶは》で異なる。なお、「パーリ三蔵《さんぞう》」は、上座部大寺派《じょうざぶだいじは》が保持してきた三蔵《さんぞう》で、東南アジアの仏教諸国に共通する聖典として、特に重要な役割を果たしている。

また、仏教がインドから中央アジア、中国、朝鮮半島、日本へと伝わっていったことに伴い、大乗経典を中心とする多くのインド語仏典が、各地の言語に翻訳されて広まった。近代以降になって、原典が失われていた経典がガンダーラ写本や中央アジア写本として回収され、現在世界各地に保存されている。写本を通して、書かれた当時の仏教の姿が次第に知られるようになってきたのである。

中国に初めて仏教が伝わったのは、伝説によると後漢《ごかん》の明帝《めいてい》の永平十年（六七）といわれている。しかし、確実に仏典を伝えて翻訳したのは、それより八十四年後の後漢《ごかん》・桓帝《かんてい》の元嘉《げんか》元年（一五一）、パルティアから来た安世高《あんせいこう》という僧であった。この当時すでにインドでは大乗仏教が成立していたので、中国には初期の仏典と大乗の仏典が区別されることなく伝えられ、それからおよそ千年以上にわたって仏典を中国語に翻訳する努力が続けられた。

これらの翻訳経典は、中国の南北朝時代に「一切経《いっさいきょう》」や「大蔵経《だいぞうきょう》」と呼ばれるようになった。その後、経典目録が作られ、仏典は体系的に整理された。その代表が八世紀の智昇《ちしょう》によって編纂された『開元釈教録《かいげんしゃっきょうろく》』である。九七七年、史上初の版本として開版された「開宝蔵《かいほうぞう》」（蜀《しょく》版）もこの『開元釈教録《かいげんしゃっきょうろく》』中の「入蔵録《にゅうぞうろく》」にもとづいて編纂された。この最初の版本をもとにして朝鮮半島で一〇一一年に開版されたのが「高麗版大蔵経《こうらいばんだいぞうきょう》」で、この系統をひくのが日本の仏教学者の総力を挙げて編纂され、現在広く世界中の研究者に使用されている「大正新脩大蔵経《たいしょうしんしゅうだいぞうきょう》」である。

なお、中国では「開宝蔵《かいほうぞう》」のあとも、「契丹蔵《きったんぞう》」、「福州版《ふくしゅうばん》」、「思渓蔵《しけいぞう》」のほか、明代《みんだい》や清代《しんだい》から近年の「中華《ちゅうか》大蔵経《だいぞうきょう》」にいたるまで多くの版本が刊行されたが、これら中国の仏典には「開宝蔵《かいほうぞう》」の頃から中国の高僧の著述も中国撰述として聖典の中に加えられるようになった。

一方、チベットにおいても七世紀ごろに仏教が伝わり、九世紀から十一世紀にかけて、約百五十年の間、仏典を翻訳する努力が続けられた。最終的に仏典のほとんどが翻訳され、主に大乗《だいじょう》と密教《みっきょう》の膨大な典籍が収録されているため、「チベット大蔵経《だいぞうきょう》」はこの分野の研究にとって欠くべからざる資料であり、北東アジアの仏教徒の聖典として、重要な位置を占めている。

これら主要な三蔵《さんぞう》や大蔵経《だいぞうきょう》には、主な近代語訳として、パーリ聖典協会による英訳、南伝大蔵経刊行会《なんでんだいぞうきょうかんこうかい》による日本語訳、あるいは漢訳からの「国訳一切経《こくやくいっさいきょう》」、「国訳大蔵経《こくやくだいぞうきょう》」などの叢書《そうしょ》もある。

このほか、仏典の個別の近代語訳として、日本語、朝鮮語、タイ語、ミャンマー語、シンハラ語、クメール語、ベトナム語、モンゴル語など、東洋のあらゆることばに翻訳されているばかりか、ラテン語、フランス語、英語、ドイツ語、イタリア語等の各国語に翻訳されているところから見ても、今や釈尊《しゃくそん》の恩恵は、世界のすみずみに及んでいる。

しかし、ひるがえって仏典を内容から見ると、時代にして二千年を超える発展と変遷《へんせん》があり、量は万巻を超えるため、たとえ「大蔵経《だいぞうきょう》」が完全に備わっていても、これらによって釈尊《しゃくそん》の真意をつかむことは困難と言えるだろう。そこで「大蔵経《だいぞうきょう》」から重要なところをつかみ出して、その教えの根幹に触れ、その智慧《ちえ》を生きるための指針とすることがまさに期待される。

いつの時代でも仏教は、釈尊《しゃくそん》のことばが最大のよりどころである。釈尊《しゃくそん》の教えは、私たちにとっては、現実の生活に対して深いつながりを持った、親しみのあるものでなければならない。もしそうでなければ、万巻の聖典も、ついに私たちの心をゆさぶることなく終わってしまうことになるだろう。そういう意味でいつも身につけている日常経典としての聖典は、量にして簡潔《かんけつ》であること、質において一部に偏らず、よく全体を代表するものであり、しかも正確であること、用語においてわれわれの日常語に親しいものであることが望まれる。

この「仏教聖典」は、こうした敬虔《けいけん》にしてかつ慎重な配慮のもとに作られた。過去二千数百年の大蔵経《だいぞうきょう》の流れを受け継ぎ、大海のような釈尊《しゃくそん》の教えから生まれ出たものである。もとよりこれをもって完璧《かんぺき》と信ずるものではない。なぜなら釈尊《しゃくそん》のことばは無限に深く、その徳は無尽にして容易にはうかがい難いものである。共に同じ道を行ずる同信のご叱正《しっせい》を請いつつ、常によりよきもの、より真実性を持つもの、より尊きものにしてゆきたいと心から願うものである。

合　掌

三、仏教聖典の由来とあゆみ

この仏教聖典は、大正十四年（一九二五年）七月に、木津無庵氏を代表とする新訳仏教聖典普及会から出版された『新訳仏教聖典』を元としてつくられたものである。

『新訳仏教聖典』編纂にあたっては、山辺習学、赤沼智善の両教授を中心に、広く仏教学界の諸師が監修、編集の労を寄せ、約五年の月日を経て出版された。

ここに仏教伝道協会は、木津無庵氏をはじめとする『新訳仏教聖典』を編纂された諸師に対して、甚深なる感謝と報恩の意を表するものである。

昭和に入ってその簡略版である『国民版仏教聖典』が同普及会で出版され、広く全国に行き渡った。昭和九年（一九三四年）七月に汎太平洋仏教青年大会が日本で開催された。その記念事業の一つとして、D・ゴダード氏の協力を得て『国民版仏教聖典』を英訳した“The Teaching of Buddha”が、全日本仏教青年連盟により刊行された。

昭和三十七年（一九六二年）、仏教東漸七十周年を記念して、株式会社ミツトヨ創業者・沼田恵範氏が、“The Teaching of Buddha”を再版した。昭和四十年（一九六五年）同氏が浄財を投じて財団法人仏教伝道協会を設立するや、同協会の事業として、この聖典を全世界に普及することが企画された。

この企画に従って、昭和四十一年（一九六六年）に、仏教聖典改定のための委員会が結成された。メンバーは紀野一義、金岡秀友、石上善應、佐伯真光、松濤弘道、坂東性純、高瀬武三の七氏であり、増谷文雄氏、N・A・ワデル氏、清水俊輔氏などの協力も得て、昭和四十三年（一九六八年）に『和英対訳仏教聖典』が誕生した。

昭和四十七年（一九七二年）、この聖典をもとに金岡秀友、石上善應、花山勝友、田村完誓、高瀬武三によって改定作業が進められ、『英文仏教聖典』が刊行された。

次いで塩入亮達、高瀬武三、立川博、田村完誓、坂東性純、花山勝友（編集責任者）により昭和四十八年（一九七三年）『和文仏教聖典』が刊行された。

さらに昭和四十九年（一九七四年）、『英文仏教聖典』再改定が、R・スタイナー氏の協力のもとに、松濤弘道、坂東性純、佐伯真光、徳永道雄、田村完誓、花山勝友（編集責任者）によって行われ、先に刊行した『和文仏教聖典』とあわせて『和英対照仏教聖典』が刊行された。

昭和五十三年には、鎌田茂雄、奈良康明の両氏を編集スタッフに迎え、さらに平成十三年（二〇〇一年）には、ケネス田中、米澤嘉康、渡辺章悟、前田專學（委員長代行）が新たにスタッフに加わった。

平成二十五年（二〇一三年）に、仏教伝道協会が財団法人より公益財団法人に移行するにあたり、前田專學（編集委員長）、石上善應、木村清孝、ケネス田中、竹村牧男、奈良康明、吉水千鶴子、米澤嘉康、渡辺章悟をメンバーとして新たに仏教聖典編集委員会が組織された。平成二十九年（二〇一七年）より竹村牧男編集委員長のもと、現代に即する聖典にするための委員会が毎年開かれている。

令和に入り、新たに榎本文雄、佐々木閑が編集メンバーに加わり、桂紹隆理事長が中心となって『和文仏教聖典』の改訂作業が進められた。仏教聖典編集委員会のメンバーやその他の多くの仏教研究者の助力を得て、令和六年（二〇二四年）に『和文仏教聖典』の改訂版が刊行された。今後、この改訂版をもとに外国語版の改訂作業を順次行っていく予定である。

二〇二四年三月

四、生活索引

悩み

日常生活

五、用語解説（五十音順）

この解説に含まれている見出し語には、本文では、*印が付してある。

（ ）内は梵語

因縁《いんねん》 (hetupratyaya)

因と縁とはいずれも原因を意味するが、因は結果を生じさせる直接的原因、縁はそれを助ける外的条件を指す場合もあり、因縁《いんねん》の二字で広く原因一般を意味する。あらゆるものは因縁《いんねん》によって生滅《しょうめつ》するという、この道理を素直に受け入れることが仏教に入る大切な条件とされている。世間では転用して、悪い意味に用いられることもあるが、本来の意味を逸脱したものであるから、注意を要する。なお縁起《えんぎ》と言う場合も、同様である。

縁起《えんぎ》 (pratītyasamutpāda)

「縁《よ》って起こること」、つまり因果の道理を意味し、仏教の教えの基本となる思想である。本来は苦しみがどのようにして生起するかがその主題であったが、後の仏教ではあらゆる存在が互いに関係しあって生起することを示し、「お蔭《かげ》さまで」という感謝の心につながる。この縁《えん》起《ぎ》思想は、さらに哲学的な展開をとげ、多様な意味をもつに至る。転じて寺院や仏像の由来や伝説を指したり、吉凶をかつぐのに用いられるようになったりする。

教団《きょうだん》 (samgha)

本書では二種類の異なる意味で用いられている。「仏《ほとけ》と教えと教団に帰依《きえ》する者」と言う場合の「教団《きょうだん》」は、出家《しゅっけ》して仏道修行に専心する人たちの集団（サンガ／僧伽《そうぎゃ》）を意味する。そのメンバーは、律蔵《りつぞう》の規定にしたがって厳格な修行生活を送ることが義務づけられている。

一方、本書の「仏国土《ぶっこくど》の建設」において、共に教えを守っていこうとする人たちを「教団《きょうだん》」と呼ぶ場合は、出家者《しゅっけしゃ》と在家信者両方で形成する信仰世界を意味する。現在の日本で教団と言う場合は後者を指す。

空《くう》 (śūnya)

原義は「空っぽ、膨れ上がった空虚な」状態をさす。「般若《はんにゃ》」(prajñā) という、さとりの智慧《ちえ》でこの世界を観察《かんざつ》する際に、ものには固有の実体がないため、平等であって区別のないことをこのように表現したものである。仏教では人の主体としての自我（ātman）が実体として存在しないことを無我《むが》といった。大乗仏教では、これを人空《にんくう》とし、さらに自我だけでなく、あらゆる存在は、原因や条件によって生じ、滅するもの（縁起《えんぎ》）であるから、不変不滅の実体をもたないとし、これを法無我《ほうむが》または法空《ほっくう》といった。

功徳《くどく》（punya）

善行、すなわち、善い行為そのもののことである。さらに、善行に備わった性質、善行を行う人に備わる徳性、もしくは、善行の結果としてもたらされる果報やご利益《りやく》のことも指す。たとえば、「功徳《くどく》を積む」とは、善い行為を行う、もしくは、善い行為を行うことによって徳性を備えていく、という意味である。そして、「功《く》徳《どく》がある」「功徳《くどく》がもたらされる」という場合の「功徳《くどく》」は、果報やご利益《りやく》を意味している。

供養《くよう》（pūjā）

敬意をもって、供物を捧げたり、奉仕したりすること。供養《くよう》し、奉仕される対象は、仏・法・僧の三宝《さんぼう》や父母・師長・亡者などであり、神々、祖霊や動植物の霊なども含まれる。供物《くもつ》には、飲食物・香・花・衣服・薬・寝具などがある。供養《くよう》の種類は多様であり、「追善供養《ついぜんくよう》」、「施餓《せが》鬼供養《きくよう》」、「開眼供養《かいげんくよう》」、「永代供養《えいたいくよう》」などが知られている。

業《ごう》（karman）

原義は行い・行為のこと。身体による身業《しんごう》、言語による口業《くごう》（語業《ごごう》）、心による意業《いごう》の三種に分類される。行いは、何らかの原因があって引き起こされ、また後の行為の原因ともなる。このことから、業《ごう》は「特定の行いによって生じ、かつ、特定の結果をもたらす、見えない力」の意味もあわせ持つとされる。業《ごう》の教えには元来、「善行に努め、悪行を避ける」ことを勧める意図があったが、「善い行いには善い報いがあり、悪い行いには悪い報いがある」とする思想として定着し、さらに輪廻《りんね》の思想と結びついた。

慈悲《じひ》（maitrī-karuṇā）

「慈《じ》」とは慈《いつく》しみ、「悲《ひ》」とはあわれみを意味し、他者に対する尊い心情として大事にされたものであり、仏教におけるもっとも基本的な倫理項目。「慈《いつく》しみ」は友人に対する好ましい心情が原意で、相手に楽しみを与えようとする心情。「あわれみ」は他者の苦しみに対する共感の心情が原意で、その苦しみから救いだそうとする心情。他者へのよろこび（喜《き》）、中立的な心情（捨《しゃ》）とともに四無量心《しむりょうしん》を構成し、未来に生まれる人に対してもその心情を及ぼすことが理想とされた。

出家《しゅっけ》（pravrajyā）

釈尊《しゃくそん》の教えに共感した人が、俗世の生活を捨てて教団《きょうだん》（サンガ）の一員となり、修行生活に入ること。仏教では、出家《しゅっけ》することが修行の必要条件とされており、出家《しゅっけ》した男性を比丘《びく》、女性を比丘尼《びくに》と呼ぶ。出家者《しゅっけしゃ》にはさまざまな禁欲的規則が課せられるが、その代わりに、俗世の煩《わずら》いを離れた心の自由を手に入れることができる。なお、バラモン教では、理想的な人生の送り方として「四住期《しじゅうき》」が想定され、その後半は森林の中で暮らす（林住期《りんじゅうき》）、一人で放浪・遍歴する（遊行期《ゆぎょうき》）というような出家《しゅっけ》的要素が組み込まれていた。

成道《じょうどう》（abhisaṃbodhi）

さとり（漢語の「道」）を完成することを意味し、釈尊《しゃくそん》が菩提樹《ぼだいじゅ》の下で瞑想《めいそう》し、もろもろの迷いの魔を退け、ついにはさとりを開いて仏陀《ぶっだ》となったことをいう。「成仏《じょうぶつ》」、「得仏《とくぶつ》」、「成正覚《じょうしょうがく》」ともいわれる。釈尊《しゃくそん》の生涯で、誕生、出家《しゅっけ》、入滅《にゅうめつ》と並んでもっとも重要な出来事として、中国や日本では、その日付を十二月八日とし、成道会《じょうどうえ》の法要《ほうよう》を行う。

誓願《せいがん》（praṇidhāna）

目的を掲げ、それを必ず成し遂げようという菩薩《ぼさつ》の誓いである。その目的とは、自分自身が仏《ほとけ》のさとりを得ることと、一切衆生《いっさいしゅじょう》を救済するという二つである。誓願《せいがん》には、すべての菩薩《ぼさつ》に共通するものと、独自なものがある。前者の代表としては、「四弘誓願《しぐぜいがん》」がある。一切衆生《いっさいしゅじょう》を救い、煩悩《ぼんのう》を断ち、教えを学び、さとりを得ようと誓う四つである。後者としては、仏国土《ぶっこくど》を建立し、そこに生まれる衆生《しゅじょう》をさとりに導くという法蔵菩薩《ほうぞうぼさつ》の四十八願《しじゅうはちがん》が有名である。

智慧《ちえ》（prajñā）

「般若《はんにゃ》」とも音写される。一般的な「知恵」とは区別され、あらゆる現象や道理を見極める認識力のこと。智慧《ちえ》と慈悲《じひ》は車の両輪のように大乗仏教の根本とされる。智慧《ちえ》は、戒《かい》を守り（戒《かい》）、心を統一し（定《じょう》）、さとりに導く智慧《ちえ》を得る（慧《え》）という「三学《さんがく》」の一つとしても位置付けられる。

無常《むじょう》・苦・無我《むが》や縁起《えんぎ》、中道《ちゅうどう》などの道理をさとる智慧である。

中道《ちゅうどう》（madhyamā pratipad）

釈尊《しゃくそん》が初めての説法で説いた重要な教説である。「中」は、二つの極論・極端を離れ、矛盾対立を超えることを意味する。「道」は実践・方法を指している。苦行主義と快楽主義、有（存在）と無（非存在）、断見《だんけん》（世界や自我の断滅を主張し、因果応報《いんがおうほう》を認めない考え方）と常見《じょうけん》（世界や自我は常住で不滅であるという考え方）のような互いに矛盾する二つの考え方を離れた立場のことである。

涅槃《ねはん》（nirvāṇa）

梵語《ぼんご》のニルヴァーナという語の漢音写で、（煩悩《ぼんのう》の火が）消えた状態を意味する。「滅《めつ》」、「滅度《めつど》」、「寂滅《じゃくめつ》」とも訳される。ろうそくの火を吹き消すように、煩悩《ぼんのう》の火を吹き消した境地で、これに到達することを「入涅槃《にゅうねはん》」という。釈尊《しゃくそん》は、三十五歳でさとりを開き、仏陀《ぶっだ》になったとき、涅槃《ねはん》の境地に達した。一方、釈尊《しゃくそん》が亡くなったことを、「般涅槃《はつねはん》」という。これは、肉体が滅びたときに完全に煩悩《ぼんのう》の残り火が消えるという考え方からである。

波羅蜜《はらみつ》（pāramitā）

原義は「最高の状態、完成態」のことであり、（修行の）完成を意味する。梵語《ぼんご》パーラミターの音写で、玄奘《げんじょう》は「波羅蜜多《はらみた》」と漢訳した。伝統的な教理解釈によって、「到彼岸《とうひがん》」、「度《ど》」とも意訳された。修行者の基本的な実践は、戒《かい》・定《じょう》・慧《え》という三学《さんがく》であるが、これが大乗仏教に至って布施《ふせ》・持戒《じかい》・忍辱《にんにく》・精進《しょうじん》・禅定《ぜんじょう》・智慧《ちえ》からなる六種の実践徳目の完成（六波羅蜜《ろっぱらみつ》）が重視された。

彼岸《ひがん》（pāra）

原義は「かなたの岸」という意味であるが、波羅蜜《はらみつ》の意訳としても用いられる。教理的には貪《むさぼ》り・瞋《いか》り・愚かさという根本煩悩《こんぽんぼんのう》（三毒《さんどく》）に苦しむ迷いの世界を此岸《しがん》といい、その煩悩《ぼんのう》の激流に苦しむ世界を、修行によって渡り切った向こう岸、つまり輪廻《りんね》を超えた永遠なるさとりの境地（涅槃《ねはん》）を意味する。ただし、わが国では、古くからの習俗と混交して、三月の春分と九月の秋分に昼夜の長さが等しくなる彼岸《ひがん》の中日を挟んで、それぞれ七日間行われる彼岸会《ひがんえ》という行事を指す。

仏性《ぶっしょう》（buddha-dhātu）

本来「仏《ほとけ》になる因」という意味の語である。「一切衆生悉有仏性《いっさいしゅじょうしつうぶっしょう》」という句は、あらゆる衆《しゅ》生《じょう》に仏性《ぶっしょう》の内在を認める立場を表明している。その立場は、特に衆生《しゅじょう》が仏智《ぶっち》そのものをもとより有していると説く如来蔵《にょらいぞう》思想の流れに顕著に見られ、衆生《しゅじょう》は本来覚《さと》っているという本覚《ほんがく》思想をも生み出した。一方、これを「仏智《ぶっち》の種子」と捉え、しかもそれを有しない者もいるという立場も唱えられた。なお、中国や日本の仏教では、漢訳語の「仏性《ぶっしょう》」を「仏《ほとけ》としての本性」と受け止める解釈もしばしばなされてきた。

法《ほう》（dharma）

法《ほう》の原語「ダルマ」は、秩序、法則、義務など非常に多義的である。仏教では、縁起《えんぎ》・空《くう》などの普遍的な法則、真理、真理を表す教え（教法）や世界の構成要素（諸法）の意味で用いられる。仏教で言う教法としての「法《ほう》」は、経《きょう》（仏《ほとけ》が説いた教え）・律《りつ》（仏《ほとけ》が定めたサンガ（僧《そう》伽《ぎゃ》）の規則）・論《ろん》（経と律とに対する解釈や注釈）からなる聖典群（三蔵《さんぞう》）に相当する。「法《ほう》」は、覚者《かくしゃ》である「仏陀《ぶっだ》」・出家《しゅっけ》修行者の集まりである「僧伽《そうぎゃ》」とともに、仏教徒の基本的なよりどころである三宝《さんぼう》（仏宝《ぶっぽう》・法宝《ほうぼう》・僧宝《そうぼう》）の一つに挙げられる。

方便《ほうべん》（upāya）

原義は、「近づくこと」「到達すること」であり、人々を教え導くための手立て。生きとし生けるものをさとりの世界に導くために用いる手段のこと。一般の人々にとって仏教は難しく、その実践は困難であると考えられるが、それを乗り越えて、仏教の教えに親しみ、仏教が目指した世界に到達させるために、考えられた巧みな手段。密教ではこの方便《ほうべん》を智慧《ちえ》や慈悲《じひ》よりも優れた最高のものとする。

菩薩《ぼさつ》（bodhisattva）

元来、さとりを開く以前の修行時代の釈尊《しゃくそん》を指す。さとりを求める人という意味である。大乗仏教が興起してからは、拡大解釈されて、大乗仏教の求道者を指すことになる。向上的には仏のさとりを目指しつつ、向下的には一切衆生《いっさいしゅじょう》を同様に仏のさとりへ導こうと努力する存在を菩薩《ぼさつ》と呼ぶようになる。さらに仏の慈悲《じひ》や智慧《ちえ》の働きの一部をにない、仏の補佐役として人びとの悩みに応じて現れる、観音《かんのん》や地蔵《じぞう》のような救い手も菩薩《ぼさつ》と呼ばれる。

仏《ほとけ》／仏陀《ぶっだ》（Buddha）

原義は〝覚《さと》れる者〟であり、梵語《ぼんご》「ブッダ」を漢字に音写したのが「仏陀《ぶっだ》」である。その省略形が「仏《ぶつ》」であり、〝ほとけ〟とも読まれる。「覚者《かくしゃ》」とも漢訳され、元来仏教では開祖である釈尊《しゃくそん》を指した。

大乗仏教の場合、歴史上の存在である釈尊《しゃくそん》の背後に、永遠の仏の存在が説かれるようになる。そして、阿弥陀仏《あみだぶつ》・薬師如来《やくしにょらい》・毘盧遮那仏《びるしゃなぶつ》・大《だい》日如来《にちにょらい》・久遠実成《くおんじつじょう》の釈迦牟尼仏《しゃかむにぶつ》（はるか過去に成道し、現在も法を説き続けている仏《ほとけ》）などのさまざまな仏《ほとけ》が出現し、教えを説き、人々を救うと考えられるようになる。大乗仏教では、各人が「仏《ほとけ》」と成ることを目指している。

仏《ほとけ》の国《くに》・仏国土《ぶっこくど》（buddhakṣetra）

菩薩《ぼさつ》が一切の衆生《しゅじょう》を救済するという誓願《せいがん》を立て、修行によって仏《ほとけ》となり、建てた国のことである。大乗経典には無数の仏国土《ぶっこくど》の存在が認められ、中でも阿弥陀如来《あみだにょらい》の西方極楽浄土《さいほうごくらくじょうど》が最もよく知られる。そこでは困難や煩いに満ちた環境から解放され、仏《ほとけ》と菩薩《ぼさつ》たちによる指導があり、修行に専念することができる。そこに生まれる人々はさとりに達し、仏《ほとけ》になることが保証される。

煩悩《ぼんのう》（kleśa）

原義は、心に受ける痛みや悩みのこと。貪《むさぼ》り・瞋《いか》り・愚かさの三毒《さんどく》など、多くの分類の仕方がある。また「八万四千《はちまんしせん》の煩悩《ぼんのう》」など、心をかき乱し、迷いと苦しみをもたらす精神作用を包括的に表す用語ともなった。他方、大乗仏教の成立後、「空《くう》」や仏性《ぶっしょう》の普遍性が説かれるようになると、「煩悩《ぼんのう》がそのままさとり（菩提《ぼだい》）である」「煩悩《ぼんのう》をもったままで、真実の安らぎ（涅槃《ねはん》）を得る」などの教説も誕生した。

無我《むが》（anātman）

「我《が》（実体的な自己）が存在しない」という意味であるが、初期の仏典では人間存在を諸要素に分析し、そのいずれも〈我《が》〉ではない、という「非我《ひが》」説が説かれ、〈我《が》〉や〈わがもの〉という我執《がしゅう》の否定が主眼であった。後に無我《むが》説が確立し、さらに、人間存在に〈我《が》〉は存在せず、世界の諸要素にも本性は存在しないという思想に発展する。インドの哲学や宗教の多くは〈我《が》〉の存在を認めるため、無我《むが》は仏教を他と区別する思想となった。

無常《むじょう》（anitya）

常住でないこと、すなわち、生じたり滅したり、変化して、同じ状態にとどまっていないこと。『平家物語』の冒頭に登場する「諸行無常《しょぎょうむじょう》」

とは、因縁《いんねん》によって形成された事象は常に変化している、という意味である。仏教教理の特徴を示す三法印《さんぼういん》の一つであり、「諸行無常《しょぎょうむじょう》」「諸法《しょほう》無我《むが》」「涅槃寂静《ねはんじゃくじょう》」で三法印《さんぼういん》、これに「一切皆《いっさいかい》苦《く》」を加えて四法印《しほういん》とすることもある。「諸行《しょぎょう》無常《むじょう》」と言えば、暗い面が強調されがちだが、生成発展も無常《むじょう》の一面である。

無明《むみょう》（avidyā）

原義は、真実（縁起《えんぎ》の道理）を正しく知らないこと、智慧《ちえ》がないこと。迷いの根本である愚かさ（愚痴《ぐち》）を指す。自我意識に根ざす本能的意志を否定的に表現したものとも解釈される。十二因縁《じゅうにいんねん》（十二支縁起《じゅうにしえんぎ》）の教説では、苦しみの生存の連鎖をもたらす根源とされる。

輪廻《りんね》（samsāra）

インド古来の考え方で、生ある者が、車輪がまわるように、過去から現在、現在から未来へ生まれ変わり死に変わることを言う。「輪廻《りんね》転生《てんしょう》」とも言われる。生前の行為によって、地獄《ごく》・餓鬼《がき》・畜生《ちくしょう》・阿修羅《あしゅら》・人間・天という六道《ろくどう》の迷いの世界で限りなく生と死を繰り返すことである。仏教では、これを苦しみととらえ、そこからの解脱《げだつ》をめざした。輪廻《りんね》から解脱《げだつ》し、二度と生まれ変わらない平安な涅槃《ねはん》の境地に到達したものが、仏《ほとけ》（仏陀《ぶっだ》）とよばれる。

※用語解説執筆者　榎本文雄・木村清孝・佐々木閑・竹村牧男・ケネス田中・蓑輪顕量・吉水千鶴子・米澤嘉康・渡辺章悟（五十音順・敬称略）

仏教伝道協会について

仏教伝道協会のことを語るには、先ず一人の実業家沼田惠範《えはん》氏（株式会社ミットヨ創業者）のことを語らなければならない。

彼は、去る昭和九年に現在の事業を始めたとき以来、事業の繁栄は天・地・人により、また人間の完成は智慧《ちえ》と慈悲《じひ》と勇気の三つが整ってのみできるものであるとして、技術の開発と心の開発をめざして会社を設立した。世界の平和は人間の完成によってのみ得られる。人間の完成をめざす宗教に仏教がある。

彼は半世紀をこえる会社経営のかたわら、仏教伝道のために仏教音楽の普及と近代化を志《こころざ》し、仏教聖画や仏教聖典の普及に努めてきたが、昭和四十年十二月にこれら一切の仏教伝道事業を組織化し、これを世界平和の一助とするために私財を寄進した。

かくて仏教伝道協会は、仏教伝道の公の機関として発足した。仏陀《ぶっだ》の教えを遍《あまね》く一切に及ぼして、すべての同胞と共にこの大智《だいち》と大悲《だいひ》の光に浴するにはどうしたらよいか。

仏教伝道協会は創設者の意志を引き継ぎ、この問題を永遠に問い続けてゆこうとするものである。約言すれば、仏教普及のためのあらゆる努力が仏教伝道協会の事業のすべてである。

この聖典は日本の長い歴史をふり返ったとき、我々が仏教文化をその誇りとしながら、真に日本人の経典といえるものを持たなかったことを反省して生まれたものである。

したがってこの聖典は、だれでも読める、読んで心の糧《かて》となる、どんな人でも、その机上に置いて、また外出時に携え、生きた釈尊《しゃくそん》の大人格に触れることができるように作られている。

仏教伝道協会は、この聖典が一つでも多くの家庭に入り、一人でも多くの同胞の手に渡り、すべての人がひとしく教えの光に浴することのできる日のくることを願ってやまない。

合　掌

仏教聖典／The Teaching of Buddha

和英対照仏教聖典	Japanese-English
和文仏教聖典	Japanese
英文仏教聖典	English

各国語版仏教聖典　／Various editions of The Teaching of Buddha

フランス語	French	オランダ語	Dutch
ポルトガル語	Portuguese	トルコ語	Turkish
スペイン語	Spanish	タイ語	Thai
インドネシア語	Indonesian	ロシア語	Russian
ネパール語	Nepali	チベット語	Tibetan
ドイツ語	German	カンボジア語	Cambodian
イタリア語	Italian	シンハラ語	Singhalese
韓国語	Korean	アラビア語	Arabic
エスペラント語	Esperanto	ギリシア語	Greek
ノルウェー語	Norwegian	ミャンマー語	Myanmar
中国語（簡体字）	Chinese(Simplified)	ウルドゥー語	Urdu
中国語（繁体字）	Chinese(Traditional)	モンゴル語	Mongolian
フィンランド語	Finnish	キルギス語	Kyrgyz
ルーマニア語	Rumanian	スワヒリ語	Swahili
ポーランド語	Polish	ゾンカ語	Dzongkha
ペルシア語	Persian	カザフ語	Kazakh
ベトナム語	Vietnamese	ウズベク語	Uzbek
スウェーデン語	Swedish	ベンガル語	Bengali
タガログ語	Tagalog	マラヤーラム語	Malayalam
デンマーク語	Danish	ハンガリー語	Magyar
セルビア・クロアチア語	Serbo-Croatian	ブルガリア語	Bulgarian
ヒンディー語	Hindi		

和文仏教聖典

令和6年4月8日　改訂新版第一刷発行

発行所　公益財団法人 仏教伝道協会
〒108-0014 東京都港区芝4丁目3番14号
電話 03（3455）5851（代表）
電話 03（3455）5853（書籍直通）
FAX 03（3798）2758
E-mail : bdk@bdk.or.jp
https://www.bdk.or.jp
印刷・製本　株式会社　広済堂ネクスト

©1973, 2005, 2024　仏教伝道協会
落丁・乱丁はお取り替え致します。